Démocraties en péril

© L'Harmattan, 2010
5-7, rue de l'Ecole polytechnique, 75005 Paris

http://www.librairieharmattan.com
diffusion.harmattan@wanadoo.fr
harmattan1@wanadoo.fr

ISBN : 978-2-296-13099-9
EAN : 9782296130999

Yves Ponroy

Démocraties en péril

Déclin de l'Occident

L'Harmattan

Ouvrages du même auteur

Préservez et fortifiez votre capital santé, 2000, Éditions Jouvence
Être acteur de sa guérison, 2006, Éditions Jouvence
Rester jeune et en bonne santé, 2008, Éditions Jouvence
Passeur d'homme, 2010, Éditions de l'Aire

Sommaire

1 • Comme un aveugle qui va à tâtons 11

2 • S'il vous plaît, quel est le sens de la vie ? 19

3 • La putain commune à toute l'humanité 33

4 • Je redoute moins l'audace que la médiocrité 57

5 • Il faut imaginer Sisyphe heureux. 81

6 • On ne ment pas en jurant sur la queue d'une vache. ... 97

7 • Le ravage de l'Éden 115

8 • Le Syndrome d'effondrement 147

Épilogue 179

« *Les seuls obstacles importants
à la prospérité du monde
sont les doctrines obsolètes
qui encombrent l'esprit des hommes.* »

Paul Krugman
Pourquoi les crises reviennent ?
Le Seuil, 2000

ID
Comme un aveugle qui va à tâtons

Mettez une graine dans le creux de votre main, regardez-la bien et visualisez ce qu'elle deviendra si vous en prenez soin. S'il s'agit d'un grain de blé, vous voyez les champs dorés qui frissonnent sous le léger souffle de juillet et vous sentez même sur votre peau la chaleur du soleil. Ce grain de blé porte aussi en lui la farine fluide dans laquelle le boulanger plongera sa main pour évaluer tout le potentiel qu'il pourra en tirer lorsque, au petit matin, il sortira du four la miche croustillante et odorante qui vous fait déjà saliver. Le grain de blé porte en lui le sourire d'un enfant qui, sortant de classe en courant, imagine déjà la tartine beurrée dont le goût un peu salé, délicieusement parfumé, restera gravé dans la mémoire de chacune de ses cellules jusqu'à ce que, bien plus tard, la saveur à nouveau l'envahisse et qu'une émotion intense le submerge lorsqu'il racontera son enfance à ses petits-enfants incrédules.

Cet humble grain de blé que vous contemplez toujours, si anodin, blotti au creux de votre main, vient du fond des âges. Il porte en lui tout le patrimoine génétique de ses ancêtres, simples graminées sauvages il y a quelques millénaires dans le croissant fertile, puis sur les rivages de la Méditerranée. Il est le fruit de l'opiniâtreté et de l'ingéniosité de générations d'agriculteurs qui ont labouré, semé, moissonné, trié, sélectionné et semé encore. Il porte en lui toute l'histoire de notre culture, rescapé des moissons incendiées, des paysans massacrés par les envahisseurs, décimés par les épidémies et les famines. Ses ancêtres ont nourri nos aïeux. Nous sommes plus qu'amis, nous faisons partie de la même famille. Ses gènes, comme les nôtres, portent encore la trace des années de sécheresse ou des années trop pluvieuses quand les récoltes pourrirent sur pied et que la famine survint l'hiver suivant. Nous avons la même histoire puisque nous sommes liés l'un à l'autre depuis la nuit des temps et que nos destins continueront à se croiser.

Admirez encore ce grain de blé qui vous nourrit et emmenez votre pensée, très loin en arrière, il y a quelques centaines de millions d'années, lorsque la végétation a commencé à envahir la Terre, après que la prolifération des cyanobactéries dans les océans eut produit assez d'oxygène. Le monde végétal s'est développé à partir du minéral, il a proliféré, s'est diversifié, spécialisé et complexifié, jusqu'au moment où il donna naissance à une nouvelle branche appelée à un grand avenir : le monde animal dont nous sommes issus.

Avez-vous le vertige, en observant ce grain de blé, à l'idée que nous avons un ancêtre commun ? Nous avons des milliers de gènes en commun et de nombreuses voies métaboliques sont identiques. Nous stockons l'énergie de la même façon sous la forme d'une molécule d'ATP (adénosine triphosphate). La seule différence provient du fait que le grain de blé puise son énergie dans les rayons du soleil alors que notre source d'énergie à nous... c'est le grain de blé qui nous transmet la sienne. Nous sommes l'un et l'autre des poussières d'étoiles, issus du même big-bang, constitués des mêmes atomes et partageant en commun de nombreuses molécules biologiques.

Cette méditation sur un grain de blé nous fait prendre conscience à la fois de la globalité et de l'unicité du monde. Comme le grain de blé, nous portons en nous toute l'histoire de l'univers qui est un et indivisible. Chaque partie est le reflet de l'ensemble. Il n'est pas un événement dans l'univers qui ne soit lié à l'ensemble et qui ne soit pas le reflet du tout. Du plus petit au plus grand, du microcosme au macrocosme, il existe une unité singulière, à travers l'espace et le temps, une sorte d'énergie commune, synchrone, qui permet de relier entre elles toutes les parties de l'univers. C'est à la conjonction de cette globalité et de cette unicité que se situe la pensée analogique.

Chacune de nos milliards de cellules porte les mêmes gènes dans lesquels est inscrite toute l'histoire du vivant. Chaque cellule est le reflet de l'organe qui la porte, chaque organe est le reflet de la fonction dont il fait partie, chaque fonction est le reflet de l'individu qu'elle anime, chaque individu est le représentant de sa famille, chaque famille est à la fois le fruit et le reflet d'un groupe plus vaste et d'une culture, chaque culture porte en elle les valeurs de la société à laquelle elle appartient, chaque société porte en elle à la fois les bienfaits et les méfaits de ses membres et de l'environnement physique, psychologique, affectif et spirituel dans lequel elle est plongée.

Autrement dit, tout est symptôme. Quand une société est malade, c'est chacun de ses membres qui est malade. Quand un corps est malade, c'est chacune de ses cellules qui porte le signe de la maladie. Le moindre symptôme s'inscrit dans un ensemble plus vaste et c'est la somme des symptômes qui permet d'apprécier la gravité du syndrome global. Chaque niveau de ce tout porte les stigmates du déséquilibre de l'ensemble, comme dans un orchestre un instrument désaccordé perturbe chacun des autres musiciens et toute la symphonie devient dysharmonique.

Nous parlons facilement de nos organes malades et on sait se plaindre abondamment de notre foie ou de notre vésicule. Les magazines abondent d'articles documentés sur les maux de chacun à tous les étages de notre organisme. On parle moins des maux de l'esprit et si l'on en parle, c'est pour les ramener à des perturbations métaboliques, sans établir de lien avec l'environnement psychoaffectif. On parle peu du manque d'amour, sauf au cinéma. On parle encore moins des maux de l'âme puisque le mot même fait se hérisser le poil de nos beaux esprits rationnels. Les maux de l'âme se vivent alors de façon souterraine et cachée sous forme de dépression chronique et d'une vie coupée de tout sens.

On parle parfois des familles malades. Je veux dire des familles « symptômes » dont les membres disjoints se détruisent sous l'effet, le plus souvent, d'un renversement de valeurs. Mais on ne parle jamais des sociétés malades, surtout lorsqu'il s'agit de la nôtre. C'est un sujet tout à fait tabou que d'évoquer la possibilité que notre société occidentale contemporaine soit malade. Ceux qui, par imprudence, ont cru remarquer quelques symptômes inquiétants, précurseurs d'un éventuel déclin, se sont fait traiter de Cassandre, d'oiseaux de mauvais augure et de prophètes de malheur. C'est pourtant ce risque que nous allons prendre ici en auscultant et en prenant le pouls du monde dans lequel nous vivons.

C'est en écrivant ces lignes que j'ai pris connaissance des mésaventures subies par le physicien italien Giampaolo Giuliani qui, en mars 2009, fut inculpé pour diffusion de fausses nouvelles parce qu'il avait détecté des émanations anormales d'argon de la croûte terrestre dans les Abruzzes, annonciatrices, selon lui, d'un tremblement de terre imminent. Or, en avril de la même année, les événements lui donnèrent raison, à ce prophète de malheur[1] !

Nous tenterons d'apprécier la gravité des symptômes qui émergent à tous les niveaux de la société contemporaine, individuellement et collectivement. Nous chercherons les émanations d'argon et tenterons d'en déterminer les causes.

Puis, en s'appuyant sur le deuxième principe de la thermodynamique qui stipule que toute transformation réelle s'effectue avec création d'entropie, c'est-à-dire de désordre, nous dresserons l'esquisse de ce que pourrait être une société nouvelle, en bonne santé. Autrement dit, c'est toujours sur les décombres de l'ancien que l'on construit le nouveau. En créant de l'ordre quelque part, on crée du désordre ailleurs. S'il faut rebâtir, sur quelles bases le faire ? Quand faudra-t-il le faire ? Qui le fera ?

Quand une maladie survient, c'est que de nombreux facteurs étaient là pour la préparer. Tout était en place pour qu'elle se déclenche, mais l'ensemble était encore en équilibre et fonctionnait assez bien. Puis il a fallu qu'un petit événement survienne pour que cette belle harmonie, tout à coup, s'effondre. Un stress, un choc psychoaffectif, une simple grippe, un surmenage ou une pollution et tout bascule. C'est toujours le dernier grain qui fait plier le dos du chameau.

Malcolm Gladwell a parfaitement décrit ce petit événement qui peut bouleverser le monde, ce point au-delà duquel tout

---

[1] Pascal Bernard, « Prédire ou ne pas prédire les séismes ? », *Pour la Science*, juin 2009, p. 16-17.

peut basculer : « *Look at the world around you : It may seem like immovable, implacable : It is not. With the slightest push, in the right place, it can be tipped.*[2] » Ce que l'on ne sait pas, c'est ni d'où viendra ce petit événement, ce *tipping point*, ni quand il surviendra. Il se pourrait que notre société soit proche de ce point de basculement. Le syndrome global est là, le moindre coup de vent pourrait précipiter l'édifice par terre. Ainsi, il était évident que le mur de Berlin allait s'écrouler et le communisme avec. Tout était prêt, mais nul ne pouvait prévoir quel serait l'élément déclencheur, ni quand il surviendrait.

Dans les grandes comme dans les petites catastrophes, on s'aperçoit souvent que c'est la conjonction improbable de divers facteurs qui ont déclenché ou amplifié le phénomène. Une somme de hasards dont la probabilité de rencontre était infime. C'est ce que l'on pourrait nommer, de façon plus triviale, la loi de l'emmerdement maximum ! Des éléments simultanés ne semblent pas reliés par un lien de causalité, mais ils nous frappent par leur synchronicité. Tout se passe alors comme si cette synchronicité conférait un sens, une signification particulière à ces événements. Diverses menaces pèsent sur le monde moderne. Elles semblent sans lien apparent mais leur conjonction a sans doute une signification qu'il convient de décrypter.

La crise financière et économique, les risques sanitaires liés à la pollution chimique, l'explosion démographique, le déficit alimentaire, le manque d'eau, l'épuisement des ressources, les injustices, les menaces de violences généralisées, les incertitudes sur

---

[2] « *Observez le monde qui vous entoure : il peut sembler inébranlable, implacable ; il ne l'est pas. Le moindre impact, au bon endroit, peut le faire basculer.* » Malcolm Gladwell, *The Tipping Point*, Éd. Abacus, p. 259.

les dangers atomiques, les changements climatiques, la faiblesse des démocraties, l'explosion sociale, les dangers des dérives sur le plan des biotechnologies ou des nanotechnologies, l'irresponsabilité des citoyens face à la prévention des maladies, la perte de sens et des valeurs, tout cela est situé au milieu d'une incapacité chronique des peuples à anticiper les dangers qui menacent. Dans un monde global et en réseau, ce faisceau de facteurs inquiétants devrait éveiller notre vigilance. Notre société est fragile, les dangers et les risques sont immenses et multiples, mais bien malin qui peut prédire quel pourrait être l'élément déclencheur. La violence peut soudain déferler comme une vague immense de haine et de ressentiment. Le stress, la frustration, le manque du minimum vital ou, plus simplement, la perte d'un confort douillet auquel on ne veut pas renoncer peuvent engendrer une pandémie contagieuse de violence comme l'humanité en a tant connu. Jamais, sans doute, nos sociétés n'ont été si vulnérables, jamais l'humanité n'a eu autant de pouvoirs entre ses mains, à la fois de destruction, de conservation et de reconstruction. Ainsi, l'élément déclencheur, le *tipping point*, peut aussi bien nous amener vers le bas que vers le haut ; c'est aussi notre choix qui dépend de notre niveau de conscience.

Toute prise de conscience nécessite une longue maturation, mais survient souvent comme dans un éclair et de façon inopinée. Peu de gens sont prêts à admettre que notre société est gravement malade, atteinte d'une maladie dégénérative globale, proche de l'accident grave ; néanmoins, il se peut que quelque événement survienne et, soudain, éclaire la scène dans toute son évidence afin que chacun puisse voir l'étendue des dégâts. Cette prise de conscience qui surviendrait soudain pourrait constituer un choc salutaire qui permettrait, à la dernière minute, d'éviter la catastrophe. Il se produirait une embardée et nous pourrions alors repartir dans une autre direction, voire même changer de véhicule. Mais chacun sait bien combien les prises de conscience sont capricieuses et souvent rétives. Bien souvent, les prises de conscience que nous avons été amenés à faire au cours de notre vie, au niveau individuel, le furent par à-coups et non sans de douloureuses remises en question. Cette grave prise de conscience collective dont je parle au niveau de la société se fera de toutes façons. Si elle ne se fait pas avant la chute, elle se fera après et il conviendra alors de tout reconstruire sur des bases nouvelles.

Je suis comme Cassandre, « *je suis comme un aveugle qui va à tâtons* » et, comme elle, je sens venir le tigre :

« *Il monte sans bruit les escaliers du palais...*
Il pousse du mufle les portes...
Le voilà... Le voilà...[3] »

Le tigre dont parle Cassandre annonçait la guerre. Ce n'est qu'un des dangers parmi d'autres auxquels notre société est aujourd'hui confrontée. L'avenir est ouvert, mais incertain. Mais rien n'arrive par hasard : quand les causes s'accumulent, le destin des civilisations peut soudain s'affaisser. Tel est l'objet de ce livre.

Alexis de Tocqueville, le lumineux prophète de la démocratie, nous a laissé cet avertissement : « *Parce que la civilisation romaine est morte à la suite de l'invasion des barbares, nous sommes peut-être trop enclins à croire que la civilisation ne saurait autrement mourir.*[4] »

---

[3] Jean Giraudoux, *La guerre de Troie n'aura pas lieu*, acte I, scène I.
[4] Alexis de Tocqueville, *De la démocratie en Amérique*, tome II, 1re partie, chap. X.

2

S'il vous plaît, quel est le sens de la vie ?

« *Il est de ces temps sans issue où la liberté a déserté jusqu'aux rêves des hommes ; où seul un luxe dispendieux distrait les riches de leur ennui et dissimule aux siècles à venir ce que fut le dénuement du grand nombre.*[5] » Cette introduction de Jean Salem à son livre sur Épicure pourrait sans doute aussi convenir à notre époque, 2 300 ans plus tard, prouvant une nouvelle fois combien, dans les civilisations humaines, le déclin succède à l'apogée comme dans la vie d'un homme.

À quand remonte le déclin de l'Occident moderne ? Depuis quand le ver est-il dans le fruit ? Notre drame commun remonte sans doute à la conjonction d'Auschwitz et d'Hiroshima. Le 6 août 1945, la première bombe atomique réduisait en cendres radioactives la ville d'Hiroshima alors que le Japon était prêt à la reddition. Le 8 août siégeait pour la première fois à Nuremberg,

---
[5] Jean Salem, *Épicure* (Lettres), Nathan, 1982, p. 7 (2).

sous l'égide des États-Unis, le Tribunal International pour juger les crimes de guerre et les crimes contre l'humanité. Le 9 août, puisque l'impossible était devenu réel, le président Truman décida d'anéantir Nagasaki et tous ses habitants. Les criminels de guerre furent tous dans le camp des vaincus... Le général Curtis Lemay, responsable du pilonnage aérien du Japon à cette époque, eut la lucidité de dire : « *Si nous avions perdu la guerre, nous aurions été jugés comme criminels de guerre.* »

Selon Jean-Pierre Dupuis : « *L'histoire humaine était entrée dans une nouvelle phase, la dernière... L'humanité était devenue capable de se détruire elle-même, et rien ne fera jamais qu'elle perde cette toute puissance négative. L'apocalypse est inscrite comme un destin dans notre avenir, et ce que nous pouvons faire de mieux, c'est de retarder indéfiniment l'échéance.*[6] » Nous sommes en sursis.

Mais la violence n'en finit pas de charrier ses cadavres. Les exterminations succèdent aux génocides. Les qualificatifs nous manquent pour décrire l'horreur. Il eut été plus facile et plus réconfortant de croire qu'Hitler, à lui seul, portait toute la haine du monde, de croire qu'il incarnait le mal absolu. Mais hélas, il n'était pas seul. Des milliers, des centaines de milliers de compatriotes et d'autres encore ont accompli, chaque jour et en son nom, des millions d'actes barbares et d'atrocités abjectes. Puis il y eut Hiroshima et Nagasaki, préparés par ce que l'Amérique comptait d'esprits parmi les plus brillants, les plus civilisés, les plus éthiques qui, sans hésitation et sans murmure, ont semé la terreur et la mort sur une population à genou. Ce fut la première « guerre propre », selon la terminologie du sadisme des intellectuels : on agit à distance, sans se souiller les mains.

---

[6] Jean-Pierre Dupuis, *La marque du sacré*, Carnetsnord, 2009, p. 238-240.

Staline non plus ne s'est jamais sali les mains; tant d'autres l'ont fait avec plaisir à sa place dans les camps de la mort. La même brutalité quotidienne, le même sadisme ordinaire, au nom d'une autre idéologie, mais comme toujours, associée à la haine dont il semblerait que l'homme ne parvienne pas à se défaire. À la même époque, Albert Camus faisait dire à Kalliayev, l'assassin du Grand-duc de Russie : « *Nous acceptons d'être des criminels pour que la Terre se couvre enfin d'innocents.*[7] » En Europe, beaucoup d'intellectuels qui, au coin du feu, préparaient le grand soir ont cru à cette idéologie révolutionnaire à la mode.

Puis l'histoire a continué de nous abreuver de ses flots ensanglantés. Il y eut les Khmers rouges et le fameux camp S-21, dirigé par le tristement célèbre Douch, où 15 000 personnes furent torturées à mort et dont le récit des atrocités soulève le cœur.

Puis il y eut le Kosovo, les meurtres, les viols, l'épuration ethnique, les fosses communes. Toutes ces images sont encore dans nos têtes.

Il y eut aussi la guerre en Tchétchénie et les terribles représailles Russes : Grozny éventrée, défigurée, meurtrie, sans remords et sans reproches.

Puis il y eut le Rwanda où tout un peuple, en quelques jours et à la machette, s'offrit le plus grand sacrifice humain de toute l'histoire : l'autre, le voisin ou le frère ennemi furent désignés comme le bouc émissaire de toutes les souffrances, des privations et des frustrations d'un peuple de miséreux; ultime sursaut de survie dans un hoquet de haine qui en préfigure peut-être d'autres.

---

[7] Albert Camus, *Les Justes,* acte I, 1949.

Et que dire de la Palestine martyre qui n'en finit pas d'agoniser sous l'œil bienveillant, mais hypocrite, de l'Europe et des États-Unis ?

À chaque fois, on nous rassure en nous disant : « *Plus jamais ça !* » Mais la haine et la violence sont tenaces dans le cœur des hommes. Comment ne pas être désabusés, tristes et abattus. C'est comme si nous contemplions un champ de ruines et que nous ne savions plus d'où peut venir l'espoir d'une nouvelle aurore.

Notre monde a perdu ses illusions et notre société est déprimée. C'est devenu un lieu commun de le dire, elle est en déshérence, sans but et sans dessein. La consommation de psychotropes a explosé, mais ces « pilules du bonheur » ne nous ont pas apporté l'épanouissement escompté. C'est pourtant tellement plus facile de fuir la réalité quotidienne, ennuyeuse et pesante, avec seulement une gélule matin et soir. On nous avait promis que nous serions toujours jeunes, beaux, riches, en bonne santé et heureux. Nous avons eu recours à la chirurgie esthétique pour nous croire jeunes et beaux, nous avons emprunté pour nous croire riches, nous consultons pour que l'on nous dise que nous sommes en bonne santé et, enfin, il y a ces fameuses petites pilules sans lesquelles nous ne parvenons pas à atteindre le bonheur.

La déprime est un symptôme majeur que chacun exprime à sa façon : un simple manque de goût de vivre, une tristesse chronique, un mal-être existentiel, un *burn-out* inopiné, une dépression sévère, voire une tendance suicidaire. Chacun a son mode d'expression, sa mélancolie à lui. À moins que l'on devienne cynique et que l'on fuie dans la course à l'argent, à la réussite matérielle.

Quelle est cette réalité qui nous fait si peur, qui nous inhibe et nous démoralise ? Y a-t-il un vampire au bout du couloir ? Un gouffre au bout de l'allée ? Je crois que la réalité n'est pas plaisante parce qu'elle semble sans perspectives. Le chemin ressemble à un cul-de-sac, la route sur laquelle nous sommes engagés semble ne conduire nulle part. Disons-le clairement, nous ne sommes pas motivés car nous ne savons pas où aller, ou bien nous ne savons pas pourquoi nous y allons. Il faut dire que personne ne nous a indiqué le chemin pour sortir du champ de ruines ; personne n'a cherché à donner un sens à notre vie.

Nos parents nous ont parlé de la propreté de nos ongles et de nos dents ; ils nous ont demandé d'être polis, de travailler à l'école pour avoir un bon métier. Ils ont parlé étude, métier, retraite, comme une ligne droite tracée au cordeau : un début et une fin, sans amertume ni regrets. Nos maîtres nous ont parlé des accords du participe passé, de la révolution française et des équations du deuxième degré. Ils ont parlé notes à l'examen, point final. Leur rôle a consisté à remplir nos têtes obtuses comme on remplirait un réservoir, patiemment, en faisant attention que cela ne reflue pas. Nous avons été programmés comme des machines, nous sommes du matériel humain : on nous demande d'être des soldats courageux, des travailleurs zélés, des consommateurs enthousiastes et des retraités dociles, sans jamais mettre notre vie en perspective, sans jamais la placer dans un contexte plus vaste, dans une globalité qui pourrait lui donner sens. C'est le sourire de l'enfant devant sa miche de pain qui donne sens au grain de blé.

Pour le médecin, nous ne sommes qu'un corps physique, du matériel biologique indifférencié qu'il est chargé de mettre en état de marche. Pour nos maîtres, nous sommes une intelligence en friche dans laquelle il convient de semer quelques graines, pour tous les mêmes semences, quelle que soit la nature du terrain. Si un enfant demande à son instituteur quel est le sens de la vie, il ne sait que répondre. Pire, il n'a pas le droit de répondre ! Au nom d'un intégrisme laïque, aborder la question du sens, c'est pénétrer dans un *no man's land*, dans un territoire interdit. Car la question du sens risque de conduire à la dimension spirituelle de l'homme que la pensée dominante réprouve, oubliant que le spirituel est la composante la plus spécifiquement humaine qui nous distingue le plus des autres animaux. Nous sommes ainsi des estropiés, privés de cette partie aussi essentielle de nous-mêmes. Nos maîtres confondent spiritualité et religion ; ils refusent toute notion de sacré, comme si le sacré faisait nécessairement référence à un Dieu barbu qu'ils réfutent. Par conséquent, le sens de la vie doit tout entier être contenu dans sa partie strictement matérielle, de la naissance à la mort. Une vie bien remplie, c'est une tête bien faite et bien pleine, un bon métier, une bonne retraite, sans autre prétention. C'est la matière privée de l'esprit.

La loi est sans scrupules

Dans ces conditions, pas plus que pour une chèvre, il n'y a de morale supérieure, pas d'élévation possible, pas d'acte sacré, pas de transcendance. Tout est uniformément plat et on s'ennuie. Les lois à géométrie variable remplacent une morale structurante qui fait sens. Pour la pensée contemporaine, toute morale est méprisable, mais on oublie que la morale n'est qu'une loi élevée au niveau du sacré, contenant à la fois l'esprit et la lettre.

En revanche, la pensée juridique ne s'intéresse qu'à la lettre. Il s'ensuit donc que tout ce qui n'est pas interdit est permis ; ce qui est légal est nécessairement juste. Pour être un bon citoyen, il faut simplement savoir naviguer dans le maquis des lois. Si les lois sont gênantes, il suffit de les changer par simple commodité ou de trouver des juristes dociles pour les interpréter. Nos démocraties empilent des lois les unes sur les autres, comme des garde-fous contre nous-mêmes. Mais les lois ne remplacent sans doute pas la morale et n'ont pas la force immuable des tabous. Finalement, « *les lois sont comme la monnaie : plus on en imprime plus on les dévalue !* »

C'est ce contexte qui a permis tous les excès du début de ce XXIe siècle jusqu'au paroxysme. Puisqu'il n'y a plus de morale, on peut faire la guerre en Irak sous de fallacieux prétextes, on peut torturer dans une légalité manipulée, on peut spéculer sans limites puisque c'est autorisé. Jérôme Kerviel et Bernard Madoff sont les icônes de ce siècle, les symboles d'une époque, les symptômes d'une société sans scrupule. La loi ne prévoit pas les scrupules. Le légalisme pervertit l'esprit de la loi.

Mais soyons lucides : ce que l'on reproche à ces spéculateurs, chacun à son niveau, ce ne sont pas leurs méthodes, ce n'est pas leur manque d'éthique. Non, ce qu'on leur reproche, c'est d'avoir échoué, c'est d'avoir perdu notre argent. Ils avaient la confiance et la connivence de tous, tant qu'ils surfaient avec talent sur les vagues spéculatives. On leur reproche simplement d'être tombés à l'eau avec notre argent. Soyons honnêtes, ils pourraient continuer à tricher et à jouer au poker menteur si cela nous était profitable. Notre courroux aujourd'hui est à la hauteur de notre hypocrisie. Rien n'était réellement illégal tant qu'ils gagnaient de l'argent. D'ailleurs, ils ont l'un et l'autre opéré pendant des années sans que les instances de contrôle n'aient rien à redire.

Dans le monde d'aujourd'hui, la question du sens devient un non-sens et même un sens interdit. Nous avons créé une société absurde qui génère des absurdités. Les plus cyniques et les plus pragmatiques épousent leur époque ; ils acceptent le système et le font fonctionner à leur avantage. Les autres se replient sur soi et dépriment, prisonniers d'un labyrinthe dont ils ne trouvent pas l'issue, sauf s'ils prennent conscience que l'esprit féconde la matière et que la sortie est dans la troisième dimension, dans l'élévation vers le haut.

Ainsi donc, l'homme moderne occidental a perdu le sens de la vie et la société dans laquelle il vit, cette démocratie faible, sans valeurs, est atteinte des mêmes maux. « *Quand un jeune homme, un soir de doute, comme cet âge en connaît tant, demandera aux hommes mûrs autour de lui : "S'il vous plaît quel est le sens de la vie ?" personne ne pourra lui répondre.* » Ainsi s'exclame le Visiteur dans la pièce du même nom, d'Éric-Emmanuel Schmitt[8].

Selon l'idée dominante, le bien et le mal n'existent plus. Il n'y a plus que ce qui est légal ou illégal. Comme il n'y a plus de morale, il n'y a plus de tabou et tout interdit est considéré comme liberticide. Le sexe et l'argent – qui font toujours bon ménage – constituent le champ privilégié de nos débordements puisque toute règle morale est devenue inconvenante. La pornographie est aussi triomphante que la cupidité et s'est infiltrée

---

[8] Éric-Emmanuel Schmitt, *Le visiteur*, Magnard, 2002.

dans nos vies sans qu'on n'y prenne garde. Il est tellement plus facile et confortable de laisser faire. On s'est endormi dans le confort douillet d'un matérialisme jouisseur.

Nombre de penseurs contemporains réfutent la notion même de morale ou d'éthique qui constituerait une atteinte à notre liberté et à l'épanouissement de nos pulsions, même si elles sont morbides et destructrices comme les jeux sadomasochistes. Ainsi, le philosophe français Ruwen Ogien, connu comme étant l'apôtre de la pornographie, a une curieuse idée de la liberté. Il réfute toute idée de morale ou d'éthique qui viendrait brider le travail des savants fous, il juge illicite toute entrave aux biotechnologies et n'est pas choqué de fabriquer un enfant à la carte ! On pourrait résumer sa doctrine par « laisser-faire » ou bien « il est interdit d'interdire ». Selon Ogien, « *l'idée de dignité humaine est dangereuse et sert à protéger les gens d'eux-mêmes comme s'ils étaient irresponsables.*[9] » La marchandisation des corps ne l'émeut pas davantage ; toute législation en la matière relève d'une « *panique morale et d'un catastrophisme injustifié* ».

Le futur procède du passé

Il y a cinquante ans, nous avions les philosophes de l'absurde et du non-sens ; aujourd'hui, nous avons les philosophes de la destruction et de l'effondrement. Un libéralisme des idées et des mœurs poussé à l'extrême, jusqu'au point de rupture. On a les philosophes que l'on mérite.

« *Je sais ce que tu voudrais m'entendre dire. Que les humains sont bons, après tout, que la vie après tout est bonne ! [...] Qu'il*

---

[9] Ruwen Ogien, *La vie, la mort, l'État*, Grasset, 2009.

suffit de laisser les hommes à leurs petites occupations de bassesse et de vanité, de ne pas presser sur les pustules humaines, et de vivre des beautés du monde ![10] » Comme elles sont belles et douces, ces paroles d'Électre. Pendant des décennies, nous n'avons pas pressé sur les pustules humaines et elles ont proliféré. Il nous faut aujourd'hui des boucs émissaires car nous ne voulons pas admettre que nous fûmes complices.

Nous avons préféré le « chacun pour soi » et un repli nombriliste, égoïste, égotique. Nous avons oublié que nous faisons partie d'une famille, que nous partageons une culture, que nous nous insérons dans la lignée du vivant et que nous sommes des messagers qui avons des valeurs à transmettre. Nos sociétés modernes sont désintégrées. Nous sommes comme des cellules cancéreuses qui prolifèrent pour elles-mêmes et de façon erratique sans se rendre compte qu'elles font partie d'un organisme biologique qui constitue le sens. Nous oublions que nous sommes les membres d'une communauté humaine dont nous devons partager le destin, non pas vers plus de jouissance, mais vers plus d'épanouissement.

Le repli sur soi, les pensées craintives et étriquées génèrent un état d'esprit de petits rentiers égoïstes et pessimistes qui vivent sur le passé. En revanche, la foi en la vie est expansion, dilatation, confiance, esprit d'aventure, créativité, audace, aptitude au changement, responsabilité, optimisme et enthousiasme.

Et, contrairement à ce que disent les philosophes contemporains, les sources du sacré ne sont pas taries ; le sacré est seulement perverti et corrompu, ce qui pollue les sources de la vie. Nous nous souviendrons de la solennelle adjuration de Don

---

[10] Jean Giraudoux, *Électre,* acte II, scène 3.

Quichotte à la fin de sa vie : « *Aux extrémités où je me trouve réduit, il ne faut pas que je me moque de l'âme...*[11] »

Parler de l'âme nous ramène toujours aux sources, à notre essence la plus profonde. Même si la notion d'âme n'est pas familière à notre société contemporaine, nous sentons intuitivement que cela fait référence à notre monde intérieur. Une belle âme est définie par une beauté et une harmonie intérieures et nombre de philosophes depuis l'Antiquité l'ont célébrée. L'âme serait à la source du bien et du mal, tiraillée comme un attelage à deux chevaux qui tirent à hue et à dia, pour reprendre l'analogie de Socrate, et « *il s'ensuit fatalement que c'est une tâche malaisée de tenir les rênes de l'âme*[12] ». Mais nous sommes « *le cocher ailé* » de notre âme, c'est-à-dire que nous la gouvernons. Nous sommes ici aux sources de la liberté.

La vie est une énergie qui circule. La vie a besoin de souffle et de flamme. Il lui faut du sel et du levain pour qu'elle se développe et s'épanouisse. Il n'est pas de vie sans une pulsion fondamentale qui lui permet de s'élever. La vie de l'homme a besoin d'une motivation haute qui lui donne sens. Sinon, elle n'est que matière et l'homme est alors réduit à une machine perfectionnée, sans but et sans dessein. Pour éviter le piège de l'absurde, la vie humaine a besoin de s'inscrire dans un réseau d'énergie qui la nourrit : réseau de communication, réseau d'affections, réseau de valeurs, réseau culturel, réseau spirituel. Nous sommes ainsi rattachés à une globalité, à plus grand que nous, à une âme commune, à une identité collective. C'est à l'intérieur de ces réseaux croisés que nous trouvons notre identité individuelle. La vie

---

[11] Cervantes, *Don Quichotte de la Manche*.
[12] Platon, *Phèdre, paroles de Socrate*, Livre XXV.

se construit sur des modèles d'identification, de valeurs communes qui constituent le fondement de notre culture. Nous construisons le futur avec les acquis du passé.

Ainsi, l'Occident s'est construit lors d'un long périple de 4 000 ans à partir du socle gréco-romain et du christianisme. Ces deux mamelles ont nourri tous ceux qui nous ont précédés, qu'ils furent paysans, poètes ou savants. Toutes nos coutumes et nos lois sont directement héritées de cette appartenance. Cette civilisation eut ses heures de gloire et ses heures sombres. Nous avons autant de raisons d'en être fiers que d'en avoir honte, mais les remords sont vains. Seul le futur se construit aujourd'hui. Il nous revient donc, à chacun d'entre nous, d'embellir notre héritage, de le faire fructifier et de le transmettre.

Nous tirerons fierté de ce processus d'identification à notre culture, dans le respect des autres cultures. Renier ses origines, c'est se renier soi-même. Mais l'Europe du XXIe siècle semble refuser son héritage ; elle a honte de son passé, ce qui la coupe de son avenir et de son identité. Au lieu d'assumer son origine chrétienne, elle cherche à se construire sur des valeurs matérialistes. L'Europe du marché n'est pas suffisante pour construire l'Europe. Il lui faut une âme qui la relie à ses origines. Au lieu de cela, l'Europe se cherche dans une sorte d'amalgame culturel, de maison commune sans maître de maison, une auberge espagnole où chacun mange dans son coin.

En croyant assimiler d'autres cultures, c'est la nôtre que nous avons oubliée. Nous avons perdu notre fierté ; ainsi, notre culture n'est plus respectée par ceux qui sont invités à notre table parce que nous ne sommes plus respectables. On ne respecte que celui qui se respecte. Les enfants s'identifient à leurs parents dans la mesure où ils les respectent. De même, les immigrants qui proviennent d'autres cultures ne puiseront leur désir d'intégration et d'adhésion à la nôtre, à ses règles et à ses lois, que si celle-ci est vivante, pleine d'énergie et de fierté, sans arrogance. Si l'Europe laisse mourir ou s'affadir dans un brouet insipide sa culture, elle deviendra extrêmement vulnérable au vent de l'histoire. Une culture matérialiste, tournée vers le seul bien-être, l'égoïsme individuel, la laïcité permissive et le laisser-aller démagogique ne possédera sans doute pas l'énergie nécessaire pour survivre.

Ce questionnement sur le sens m'a habité toute ma vie et j'ai fait part de mon cheminement dans un essai de réflexions[13]. Je suis arrivé à cette idée que le sens résidait dans la transmission : transmettre ses gènes, transmettre son héritage culturel, transmettre son expérience, sa passion et plus tard sa sagesse. Nous sommes des passeurs. Rien ne nous appartient ; nous faisons partie d'une chaîne dont nous sommes un maillon : chaîne du vivant, chaîne humaine, chaîne culturelle, chaîne familiale. Tout seuls, nous ne sommes rien et notre épanouissement provient de la globalité. Nous deviendrons plus humains en cessant d'être des prédateurs égoïstes. Il se peut que la modernité nous ait coupé de cette évidence.

---

[13] Yves Ponroy, *Passeur d'homme*, Édition de l'Aire, 2010.

3

La putain commune à toute l'humanité

Q<small>UAND</small> F<small>LAUBERT</small> <small>ÉCRIVAIT</small> que quelqu'un « *avait des moyens* », il signifiait qu'il avait de l'intelligence, c'est-à-dire des moyens intellectuels. L'expression « avoir des moyens » a pris aujourd'hui une tout autre signification, et cette dérive du sens constitue en elle-même un symptôme. L'argent est devenu la mesure de toute chose ; c'est l'étalon universel. Si l'on dit qu'untel « a réussi », c'est pour dire qu'il a réussi financièrement, mais non pas qu'il ait réussi une vie épanouie et heureuse. Dans cette expression, c'est l'homme qui s'identifie à l'argent, à la réussite matérielle. Du travailleur honnête qui aurait exercé son talent, aimé son métier et rendu heureuse sa famille, sans faire fortune, on ne dirait pas qu'il a réussi.

Avoir une Rolex à cinquante ans

Cette pensée matérialiste pollue toutes les relations humaines du haut en bas de l'échelle sociale. Il faut dépenser pour exister ; il faut posséder pour paraître ; il faut « avoir » pour faire semblant d'être. Le collégien convoite les chaussures de son copain si elles sont d'une marque à la mode. Beaucoup d'adultes sont en quelque sorte des hommes-sandwichs qui n'existent qu'à travers les marques des vêtements qu'ils portent. Le shopping fait partie du passe-temps favori de la majorité, comme si cela constituait un antidote à la déprime. Un simple jour férié est générateur d'angoisse.

Ainsi, à la frontière franco-suisse, des milliers d'automobilistes se précipitent dans les centres commerciaux de l'autre côté de la frontière si, par malheur, les magasins sont fermés dans l'un des deux pays, comme s'ils étaient en manque. Nous sommes des drogués du shopping et la société de consommation imprègne profondément chacun de nos milliards de neurones. Cette boulimie a quelque chose de pathétique.

Dans les magasins ou à la télé, nos idoles de la jet-set, maîtres à penser de toute une partie de la société, se vautrent dans l'opulence et le mauvais goût. Ces *people* tant convoités donnent pourtant d'eux-mêmes une image peu reluisante entre sexe, alcool et drogue. C'est l'argent et le paraître qui nous fascinent jusqu'à l'hypnose, au point que nous ne voyons même pas le vide et le néant du paraître. Disons-le, c'est l'argent qui fait tourner nos têtes et nous acceptons toutes les frasques de nos idoles, pourvu qu'ils vivent dans une opulence ostentatoire. Plus ils sont riches, plus nos yeux brillent. « *Quand on n'a pas de Rolex à cinquante ans, on a raté sa vie.* » Cette phrase stupide du publiciste Jacques Ségala en dit long sur les références et le système de valeurs d'une frange de la société. Nous faisons nôtres ces paroles du philosophe Michel Serres : « *Croire qu'une société ne vit que de pain et de jeux, d'économie et de spectacle, de pouvoir d'achat et de médias, de banques et de télés, comme nous subsistons aujourd'hui, constitue un tel contresens sur le fonctionnement réel de toute collectivité que ce choix exclusif, erroné, la précipite vers sa fin pure et simple, comme on l'a vu pour la Rome antique.*[14] »

Nous gagnons le SMIC ou un peu plus et nous acceptons sans broncher que nos vedettes du show-biz et du sport gagnent des sommes astronomiques, pourvu qu'ils nous fassent rêver. Les footballeurs du haut de l'affiche gagnent de 500 à 1 000 années de SMIC. Oui, il nous faudrait travailler plus de 1 000 ans pour toucher ce que gagnent certains footballeurs en une année ! De très nombreuses vedettes du cinéma ou de la télévision gagnent plusieurs centaines de fois le SMIC. N'est-il pas étrange et symptomatique que personne ne songe à protester quand on augmente la redevance télé pour payer des vedettes 500 fois le SMIC ? Nous avons à redire quand un homme politique gagne quelques milliers d'euros, mais nous ne bronchons pas quand nous payons nos sportifs jusqu'à 10 millions d'euros. L'homme est un animal étrange.

« *On aimait l'or parce qu'il donnait le pouvoir et qu'avec le pouvoir, on faisait de grandes choses. Maintenant, on aime le pouvoir parce qu'il donne l'or et qu'avec cet or, on en fait de petites.* » Ainsi s'emportait déjà le maître de Santiago du temps des conquistadors et on lui répondit : « *Celui qui n'aime pas l'argent est méprisé.*[15] »

---

[14] Michel Serres, *Le temps des crises*, Éd. Le Pommier, 2009, p. 31.
[15] Henry de Montherlant, *Le Maître de Santiago*, acte II, scène I.

La maximisation du profit

Face à la finance mondiale, on reste sans voix. Quel qualificatif employer vis-à-vis des dirigeants des banques qui ont conduit le monde vers le gouffre ? De quels noms d'oiseaux pouvons nous invectiver les spéculateurs fous, dont Jérôme Kerviel n'est qu'un prototype parmi des milliers d'autres ? On va traiter de voyou ou de délinquant le casseur de banlieue qui a choisi de détruire sa vie plutôt que de la construire, mais quels mots allons-nous employer pour Bernard Madoff ? Escroc du siècle ? On ne sait pas car le siècle ne fait que commencer et bien des surprises sont déjà attendues. En effet, à y regarder de plus près, Madoff employa une technique classique dénommée *pyramide de Ponzi* : donnez-moi vos économies et je vous verserai une rente avec l'argent de mes futurs clients.

Tout cela fonctionne parfaitement tant qu'il y a de nouveaux clients. C'est le système pyramidal classique utilisé régulièrement par des « chaînes » qui nous ont tous sollicités un jour ou l'autre. Mais il est une pyramide de Ponzi bien plus gigantesque et frauduleuse que celle de Bernard Madoff ! Il s'agit du système français des retraites. Une pyramide dont chacun sait qu'elle va s'écrouler avec le vieillissement des populations, le chômage et la baisse des salaires. Mais personne n'en parle et, comme pour Madoff, tout le monde est complice. Il est une autre pyramide de Ponzi, tout simplement titanesque et qui n'offusque presque personne : je veux parler des finances publiques de nombreux États qui empruntent au-delà de leurs capacités de remboursement ainsi que de celle de leurs enfants : une pyramide de Ponzi transgénérationnelle et mondialisée. Selon Paul Krugman, prix Nobel d'économie, les déficits budgétaires américains cumulés atteindraient la somme astronomique de 13 000 milliards de dollars.

Kerviel a fait perdre 5 milliards d'euros à sa banque ; Madoff a fait perdre 50 milliards de dollars à ses clients. Ainsi sont nées deux nouvelles unités de compte : le Kerviel et le Madoff. Les pertes spéculatives des banques atteignent 3 000 milliards de dollars, soit environ 42 Madoff ! Ils passeront l'un et l'autre à la postérité d'autant qu'ils seront les seuls inquiétés par la justice.

De façon surréaliste, Madoff écopera de 150 ans de prison et couvrira ainsi tous les autres en nous faisant croire qu'il a pu, à lui tout seul, détourner 50 milliards de dollars sans complicité et sans éveiller le moindre soupçon. Si c'est vrai, cela mérite mieux que la prison ! Leur condamnation est une tentative pour exorciser le mal. Après les grands conflits, les criminels sont toujours du côté des perdants.

Une fois de plus, tout est symptôme !

Ce monde est bâti sur le mensonge, sur le factice et l'apparence. Il faut sauver les apparences. Mais les apparences ne peuvent être sauvées que provisoirement car les faits sont têtus. La *jet-set* qui vit dans l'apparence finira dans la déprime, comme la finance dont elle n'est que le reflet. Depuis quelques décennies, nous vivons dans l'illusion, comme les vieilles belles qui se font tirer la peau pour paraître plus jeunes : illusion de l'argent facile, de la jouissance et des loisirs. Des penseurs et des économistes à la mode nous ont fait croire qu'en travaillant moins, nous allions gagner plus ; ils nous ont inculqué cette idée que le travail était avilissant et que seuls les loisirs étaient épanouissants. Le travail vite fait a remplacé le goût du travail bien fait.

Notre époque est celle de la facilité ; c'est du moins la rengaine démagogique à la mode. Nos parents ont connu la civilisation du travail, nous avons inventé celle de l'*entertainment* et des loisirs. C'est un peu l'histoire éternelle de la cigale et de la fourmi.

Nous sommes des cigales, mais nous voudrions avoir l'assurance du confort des fourmis. C'est possible en mangeant le capital des parents, mais cela ne durera qu'un temps. On ne peut pas vivre indéfiniment au-dessus de ses moyens ; la réalité économique ne fait pas de cadeaux ! L'Occident vit sur ses réserves et à crédit. Pour combien de temps encore ? Les ménages ne sont plus solvables, les États ne le seront plus demain.

À la direction des entreprises, les vrais entrepreneurs qui travaillaient sur le long terme ont été chassés pour être remplacés par des financiers à la vue courte. Par définition, le financier cherche la rentabilité maximum, comme un ingénieur cherche à obtenir de sa machine le rendement maximum. L'entrepreneur, lui, est supposé au service de l'entreprise et doit rechercher l'équilibre entre le bien-être de ses collaborateurs, la satisfaction des clients et une honnête rétribution des actionnaires. Il devrait avoir une vision globale de l'entreprise et agir dans le présent en vue d'un développement futur. Pour l'entrepreneur, l'argent est un moyen pour se développer ; pour le financier, l'argent est une fin en soi, le seul but qui compte. Dans les écoles de management on enseigne que le but ultime d'une société capitaliste est la « maximisation du profit » ! Il s'agit là d'une perversion de l'esprit qui m'est toujours apparue comme une erreur fondamentale, conduisant nécessairement à une impasse.

Sous l'effet de la mondialisation, les entreprises ont en outre été vidées de leur substance par le biais de la sous-traitance à l'étranger. Pourquoi, en effet, se fatiguer de fabriquer ce que d'autres savent faire pour moins cher ? Mais soyons lucides : que nous soyons actionnaires ou consommateurs, nous avons tous été complices et avons trouvé notre compte lorsque les sirènes nous ont fait croire que l'on serait plus heureux en travaillant 35 heures par semaine et en faisant faire le reste en Chine. Nous avons été complices et bien nigauds de croire ces mensonges démagogiques en refusant d'admettre que le travail délocalisé allait nous priver d'emplois et nous appauvrir. Finalement, nous sommes aussi coupables que les financiers les plus cupides et que les politiciens les plus démagogiques, chacun à son niveau. Comme eux, nous avons manqué du bon sens le plus élémentaire.

Facebook, réseau social narcissique qui ne crée aucune richesse et ne sert objectivement qu'à transmettre des inepties, vaut aujourd'hui 10 milliards de dollars, c'est-à-dire 12 fois plus que General Motors, le premier fabricant mondial d'automobiles, avant son collapsus. Notre monde tourne-t-il encore rond ? La finance mondiale a perdu la tête, symptôme majeur d'une société à la dérive. Ainsi, l'institution de Harvard, haut lieu de la gouvernance économique mondiale, a perdu dans la crise 50 % de son capital. Elle était pourtant conseillée par les meilleurs financiers du monde, dont quelques éminents prix Nobel d'économie ! Mais General Motors, la firme la plus solide, et Harvard, l'université la plus brillante, étaient gonflés de certitudes et d'arrogances. Ils étaient les symboles d'un Occident qui manquait de modestie ! Et pourtant, ce sont ceux-là même qui, aujourd'hui, nous expliquent encore ce qu'il faut faire... C'est la notion même d'expert ou de spécialiste qui est en cause, c'est-à-dire une vision étroite et parcellaire du monde. Dans un monde global, il faut une pensée globale. L'expert croit savoir, ou tout du moins, il nous laisse croire qu'il sait. L'expert est supposé maîtriser sa technique, mais il oublie trop souvent l'impondérable, l'imprévu et le déraisonnable qui ne se mettent pas en équations. Il ne prend pas en compte ce qu'il ne contrôle pas. L'expert part du postulat erroné que le monde est rationnel. Selon lui, la vie ne serait qu'une immense partie de billard et il suffirait de bien connaître la trajectoire de la première boule pour en déduire, avec certitude et précision, celle de chacune des autres.

Le salaire du péché

Pourtant, le diagnostic est clair depuis longtemps : individuellement et collectivement, nous avons trop dépensé, contracté trop de crédits et pas assez travaillé, pas assez innové, pas assez créé. Car la réalité, c'est qu'un peuple ne peut s'enrichir qu'avec son travail et non pas avec celui des autres, sauf à revenir à l'esclavage ou à la colonisation. Or, la méthode qui consiste aujourd'hui à remettre plus d'argent sur la table pour que nous puissions continuer à consommer revient à resservir à boire à quelqu'un qui a déjà trop bu ! L'État empruntera des milliards pour que les joueurs continuent à jouer au casino. Et personne ne remboursera jamais ces milliers de milliards empruntés de par le monde. Nous-mêmes en serons incapables et nos enfants s'y refuseront... et ils auront raison. Nous devons donc nous attendre à l'effondrement général ; il est inévitable et il ne tient qu'à nous à ce qu'il soit salutaire.

Il est vain d'accuser pêle-mêle le capitalisme, les financiers, les patrons, les politiques ; nous sommes tous responsables, tous coupables car nous sommes des consommateurs et des électeurs. Comme les autres, nous nous sommes laissés enivrer par la facilité. Nous acceptons de plaider coupable pour tout ce gâchis financier et économique, mais si nous sommes tous responsables, certains ont poussé plus loin que d'autres le niveau de l'indécence.

Pour l'illustrer, je vous livre les commentaires de Bill Bonner dans sa chronique du 29 janvier 2009, « *Le salaire du péché* » :

« *Tout le monde aime le salaire du péché... Jusqu'à ce que le diable se pointe...*

John Thain a été licencié de son poste à la tête de Merril Linch, après avoir distribué pour 4 milliards de dollars de primes, juste avant d'annoncer 15 milliards de dollars de pertes pour le 4e trimestre 2008.

Puis Citigroup a annoncé avoir acheté un nouveau jet d'entreprise pour 50 millions de dollars. Cela semblait pousser le bouchon un peu loin, de la part d'une société qui venait de perdre 8,3 milliards de dollars.

Quel genre de diableries est-ce là ? Où peut-on perdre des milliards... Empocher d'autres milliards d'aides provenant des contribuables... Tout en chouchoutant les dirigeants avec de nouveaux avions et des primes à plusieurs millions de dollars ? Des amendes seraient plus appropriées.

Les sommes étaient stupéfiantes. Chez Goldman Sachs, par exemple, le salaire moyen, en 2006, était de 521 000 dollars ; un chiffre qui inclut les secrétaires et l'équipe de nettoyage. Henry Paulson, qui était PDG de Goldman à l'époque avant de devenir secrétaire au trésor, gagnait 38 millions de dollars.

Mais les employés du secteur financier n'étaient pas les seuls à s'enrichir... Durant la « Bulle époque », toute la couche supérieure était enduite de miel. En 1970, les meilleurs PDG américains gagnaient environ 39 fois plus que l'employé moyen. Trente ans plus tard, leur salaire moyen est grimpé à 37,5 millions... Près de 1 000 fois autant que la paie du travailleur moyen.

Jimmy Cayne, autrefois PDG de Bear Stearns, qui était une grande banque d'investissement de Wall Street, a passé environ un tiers du mois de juillet 2007 à jouer dans divers tournois de bridge. On pourrait attendre d'un homme gagnant près de 3 millions de dollars par mois qu'il soit disponible 24 heures sur 24 et sept jours sur sept. Au moins pourrait-on espérer qu'il vienne faire un tour à la boutique quand l'entreprise est en difficulté. Mais juillet 2007, c'est le mois où Bear Stearns s'est retrouvé sur la paille.

Dick Fuld gagnait près de 4 millions de dollars par mois durant sa dernière année chez Lehmann Brothers. À 25 000 dollars l'heure, on pourrait s'attendre à ce qu'il reste attentif à ce qui se passe. Rappelez-vous aussi que cette société avait survécu à la guerre de Sécession et à la Grande Dépression. Mais Fuld semblait ne pas avoir la moindre idée de ce qui se passait.

Comme Bernie Madoff, les PDG ont joué un sale tour à tout le monde : aux capitalistes comme aux prolétaires. Les malheureux travailleurs étaient talonnés par la main-d'œuvre étrangère. S'ils faisaient un geste de travers, leurs employeurs exporteraient leurs emplois en Chine.

Notre propre expérience des affaires nous dit que plus une entreprise est grande, moins le PDG a d'importance. Nombre d'entre eux ne deviennent guère plus que les porte-voix, les ambassadeurs et les supporters d'activités qu'ils comprennent à peine. Ils ne gèrent pas l'entreprise, c'est l'entreprise qui les gère. Les preuves de ces dernières années nous disent que la seule chose pour laquelle ces super-PDG étaient doués, c'était négocier leur propre rémunération.[16] »

---

[16] Bill Bonner, « Le salaire du péché », *Chroniques Agora*, la-chronique-agora.com

Le cataclysme était donc programmé et inéluctable ; le plus étonnant fût qu'il nous étonna ! Nous assistons donc au cycle infernal : spéculation, baisse des revenus des salariés, sous-consommation, surproduction, chômage et à nouveau baisse des revenus, etc. Tel est le cercle vicieux caractéristique d'une dépression. La récession ne serait qu'un mouvement d'humeur passager, nécessitant un petit stimulant ; la dépression nécessite un traitement de choc et une remise en cause globale.

L'argent est maître, parce que tout s'achète... et il confère à celui qui le possède non seulement la toute-puissance, mais lui sert également de vertu, comme nous le rappelle si bien Shakespeare : « *Ce peu d'or suffirait à rendre blanc le noir, beau le laid, juste l'injuste, noble l'infâme, jeune le vieux, vaillant le lâche... Allons, métal maudit, putain commune à toute l'humanité, toi qui mets la discorde parmi la foule des nations.*[17] »

Plus que jamais, nous risquons de nous disputer les charmes de cette putain universelle. L'or a un sex-appeal irrésistible et c'est vers lui que nous irons pour nous consoler de la dégringolade des marchés et des monnaies.

La richesse du sage

Après la description de la pathologie et des symptômes majeurs de la finance et de l'économie, il nous faut maintenant trouver des remèdes. Celui qui nous est proposé et qui consiste à inonder la planète d'argent frais pour relancer l'économie et la consommation revient à ajouter de la dette à la dette à une

---

[17] Shakespeare, *Timon d'Athènes*, 1623.

vitesse sans précédent : nous roulons à tombeau ouvert ! Dans quel but ? Celui d'empêcher que les spéculateurs obtiennent ce qu'ils méritent : la ruine ! Pour cela, on vide les poches des citoyens ordinaires ; ce sont eux qui seront ruinés. Ces milliers de milliards proviendront soit du crédit, soit de la création monétaire.

Les déficits publics atteignent en France un niveau qui n'a jamais été atteint, même en temps de guerre. La dette publique était déjà supérieure à 1 000 milliards d'euros lorsque le président annonça un nouvel emprunt d'État devant le congrès réuni à Versailles, là où la monarchie succomba après avoir fait faillite, faut-il le rappeler ? Le crédit finira vite par se tarir lorsque le débiteur prendra conscience qu'il ne sera jamais remboursé et la création de monnaie aura pour effet de créer l'inflation et d'appauvrir tout le monde. Heureusement qu'il restera toujours cette putain universelle pour nous consoler, mais elle nous fera payer cher ses charmes.

La richesse devrait être constituée de l'argent que l'on a gagné. Mais aujourd'hui, la richesse est devenue une illusion ; elle n'est que virtuelle. Elle consiste à additionner l'argent que l'on a et l'argent que l'on doit, c'est-à-dire que l'on a emprunté : on se ment à soi-même, à commencer par les gouvernants ! La dette publique va dépasser la totalité du PIB dans cinq pays industrialisés. Citons dans l'ordre : le Japon, l'Italie, les États-Unis, la Grande-Bretagne et la France[18]. Mais en matière d'économie, c'est comme en physique : les chiffres sont têtus et ce sont toujours eux qui ont le dernier mot. Comme le faisait remarquer Montesquieu : « *Il n'y a point d'État où l'on ait plus besoin de*

---

[18] Fitch, « Comparaison de la dette publique », 2009, *UBS Wealth Management Research*.

tributs que dans ceux qui s'affaiblissent ; de sorte que l'on est obligé d'augmenter les charges à mesure que l'on est moins en état de les porter.[19] »

Face à une pathologie aussi lourde, il faut peut-être envisager la chirurgie si l'on veut sauver le malade avant que la gangrène l'emporte. L'amputation est parfois le seul remède. C'est la finance qui est gangrenée et qui envahit maintenant l'économie. C'est dans la finance qu'il faut porter le bistouri et tailler dans le bois mort. L'acharnement thérapeutique est inutile et ruineux. Il est illusoire et stupide de maintenir en vie artificiellement un mourant. Ce sont des forces et de l'énergie qui sont soustraites à ceux qui ne sont que malades et qui peuvent guérir. Laissons mourir les institutions financières moribondes dont la cupidité a fait prendre des risques inconsidérés avec des manœuvres spéculatives insensées. Dans le même temps, sauvons l'essentiel en nationalisant le crédit, qui s'orientera, dans un premier temps, vers l'investissement rentable et le financement pour les biens d'équipement. Supprimons les mécanismes qui facilitent la spéculation sur les actions, les marchandises et les monnaies. Pour cela, régulons la durée de détention de ces biens afin d'éviter les allers et retours rapides qui brassent des sommes considérables en un temps très court et ne reposent sur aucune réalité économique, déstabilisant ainsi les marchés. Acheter un bien, quel qu'il soit, devrait correspondre à un espoir de profits, à moyen ou long terme, en fonction de données économiques réelles et non pas pour déstabiliser le marché. De même, la vente à découvert qui consiste à vendre ce que l'on n'a pas devrait être interdite ou sévèrement réglementée.

---

[19] Montesquieu, *Grandeur et décadence des romains*, 1734, chap. XVIII.

Ce type de ventes spéculatives peut pousser vers l'abîme une société ou une monnaie en difficulté passagère.

Poussons plus loin le bon sens et interrogeons-nous sur le bien-fondé de ce que l'on appelle en économie « la croissance ». On le sait, les arbres ne montent pas jusqu'au ciel, comme dit le proverbe. Dans une forêt, il y a des arbres qui naissent, qui s'épanouissent et d'autres qui meurent. Une forêt bien gérée, c'est un équilibre constant entre les forces de croissance et les forces de déclin. Un organisme vivant est soumis à un anabolisme et un catabolisme permanents, c'est-à-dire aux forces du changement. L'économie, soumise elle aussi aux forces d'ordre et de désordre, peut-elle croître indéfiniment ? D'un point de vue quantitatif, certainement pas !

L'histoire nous a appris que les empires les plus brillants finissent par s'écrouler, victimes de leurs succès, enivrés par la richesse, la gloire ou la force. La mégalomanie de la finance contemporaine est là pour le démontrer à nouveau. Ce qu'il manque aux puissants, c'est la sagesse et le bon sens. Ce qu'il manque à la pensée moderne, c'est la notion du qualitatif : le beau, le bien, le bon, tous ces critères qui ne se mesurent pas, ne se comptent pas. L'objectif a étouffé le subjectif, qui est désormais méprisé. Quand on parle aujourd'hui d'un jugement subjectif, on voit autour de soi les yeux qui se lèvent au ciel et les moues dédaigneuses.

Et pourtant, peut-on espérer augmenter sans cesse le rendement des terres cultivées, la performance des machines, l'efficacité du travail, le nombre de kilomètres d'autoroutes et les superficies bétonnées ? Nos sociétés contemporaines semblent bien prouver que, à partir d'un certain seuil, assez modeste, l'accumulation des biens n'apporte pas de surplus de bonheur. Cela serait même l'inverse si l'on considère le taux de suicides et l'incidence de la dépression dans les pays développés.

Il faudrait dire ici un mot sur ce que les économistes dénomment le PIB, le produit intérieur brut, mesure universelle qui jauge la croissance ou la décroissance de nos économies. Nous étions fiers, ces dernières années, d'exhiber un PIB en croissance constante. En fait, ce PIB mesurait surtout la vitesse à laquelle nous nous ruinions ! « *Le PIB monte quand on achète des choses dont on n'a pas besoin avec l'argent que l'on n'a pas* », remarquait Bill Bonner.

Ce fameux indice mesure toutes les activités humaines, même les plus stériles. Si vous courez le soir sur un tapis roulant dans une salle de fitness, cela fera augmenter le PIB. Si nous sommes malades et que nous subissons moult analyses, examens et opérations chirurgicales, le PIB fera un bond. Si nous roulons en 4 x 4, nous améliorerons plus le PIB que si nous prenons notre vélo. Toutes activités polluantes stimulent plus le PIB qu'une activité propre, car cela génère des activités de dépollution. La destruction de l'environnement et l'épuisement des ressources, ce qui revient à gaspiller le capital, ne pénalisent pas le PIB, bien au contraire. Autant dire que le PIB est un indice stupide qui ne mesure ni le véritable bilan économique global ni le bonheur des peuples.

Bien entendu, il faut s'entendre sur la finalité des sociétés humaines. Recherchent-elles la puissance, la richesse, l'accumulation des biens et du savoir, ou bien recherchent-elles l'harmonie, l'épanouissement de chacun, la sagesse et le bonheur ?

Je crois que l'on peut associer richesse et bonheur, mais pour cela, il est sans doute nécessaire de changer sa vision de la vie et d'avoir un regard neuf en modifiant une certaine hiérarchie des valeurs. Disons, en bref, qu'il conviendrait de considérer la richesse comme un moyen et non pas comme une fin. La finalité serait l'épanouissement des sociétés et des individus dans leur globalité.

Mais comment quantifier le bonheur, l'épanouissement individuel et collectif, la spiritualité, le bien-être ou un simple sourire qui peut être souvent le plus beau des cadeaux ? Les plus belles valeurs ne sont-elles pas celles qui, précisément, n'ont pas de prix ! Néanmoins, certains s'essaient à déterminer des indices alternatifs. Ainsi, l'école HEC de Lausanne organise un symposium international sur le BNB, le Bonheur National Brut. Souhaitons à ces travaux assez d'inspiration et d'esprit créatif pour nous proposer autre chose que ce PIB bête et méchant.

La richesse n'a pas de sens si l'individu devient esclave de la mode et du paraître, ni si cette richesse se fait aux dépens des autres groupes humains, aux dépens de la nature et de l'environnement, aux dépens de la culture ou de la spiritualité. La richesse est un tout et ne peut se résumer à l'argent que nous possédons. Disons que l'association de la richesse et du bonheur devrait permettre de devenir plus humain, plus homme, avec tout ce que cela comporte de sacré. Même Proudhon, le théoricien socialiste, parlait de « *régénération spirituelle* » et proposait déjà de reconstruire « *l'édifice entier* » selon un principe « *vieux comme le monde et vulgaire comme le peuple : la justice* »[20].

Être riche, en ce sens, c'est recevoir en héritage tout ce que l'humanité porte en elle de plus beau, de plus juste, de plus sacré, y compris la Terre avec toute sa magnificence. Être riche,

---

[20] Pierre-Joseph Proudhon, *De la justice dans la Révolution et dans l'Église*, 1858.

c'est faire fructifier ce capital et le porter avec exigence au niveau le plus élevé possible afin de le transmettre aux générations futures. Telle est l'œuvre qui peut nous faire grandir et nous rendre heureux.

Cette richesse-là n'exclut pas les performances techniques et l'avancée des connaissances, pourvu que cela soit pour le plus grand bien de l'humanité, de la totalité du vivant et de l'univers dans son ensemble. La richesse est une globalité ; elle ne se morcelle pas ; elle est collective avant tout.

Que l'on ne se méprenne pas : cette richesse collective n'est pas le collectivisme et n'exclut pas l'enrichissement personnel dans les limites de la décence. La justice, c'est l'égalité des droits et des devoirs ; ce n'est pas l'uniformité des revenus. Il y aura toujours des individus plus actifs, plus inventifs et industrieux que d'autres. Il y aura toujours des individus plus méditatifs qui se contenteront de peu.

Une société juste est une société exigeante, qui demande à chacun de participer activement, de toutes ses forces et ses talents. Une société juste est tout le contraire d'une société d'assistés. La prévoyance ne doit être en aucun cas une incitation à se mettre en dépendance. Comme un animal domestique que l'on nourrit, le peuple ou l'individu que l'on assiste perd très vite sa capacité d'autonomie et devient exigeant. L'abus de l'assistanat est le danger mortel des démocraties, surtout lorsqu'elles flirtent avec la démagogie.

La vie est échange et transformation. L'univers, à tous les niveaux où on le considère, est équilibre et harmonie. Toute transformation crée de l'ordre et du désordre. Il y a donc danger à donner quelque chose en échange de rien. Le renflouage, les subventions, les aides sociales et l'assistance systématiques sont un peu l'équivalent de pots de vin versés à des obligés. J'aime bien cette phrase du président Obama : « *L'aide doit créer les conditions qui permettent de se passer d'elle.*[21] »

On peut poser comme base théorique et idéale la liberté des échanges, c'est-à-dire l'économie de marché à l'échelle planétaire. C'est ce que nous appelons aujourd'hui la mondialisation qui n'a pas manqué de chantres pour en vanter les mérites. Mais la liberté des échanges, aussi bien au niveau individuel qu'au niveau collectif, ne peut s'exercer profitablement qu'entre des partenaires équilibrés dans leurs forces et leurs faiblesses. Dans un combat de boxe, on ne met pas face à face un poids plume et un poids lourd ! On ne peut décemment pas mettre en concurrence le paysan africain avec sa houe dans son lopin de terre et le fermier américain hypermécanisé et ses milliers d'hectares.

Le prix Nobel d'économie Joseph Stiglitz nous rappelle que « *la mondialisation a été élaborée par et pour les pays développés* », mais la productivité de la Chine a été amplement sous-évaluée[22]. Ainsi, la mondialisation a fait des ravages dans les pays occidentaux, qui se sont trouvés brusquement en concurrence déloyale avec un milliard de travailleurs chinois qui ne reçoivent qu'un dollar par jour comme toute récompense et dont la monnaie étalon, le Yuan, est délibérément sous-évaluée. La Chine est en train de saigner à blanc ses clients en se disant qu'elle aura toujours assez de consommateurs à satisfaire chez elle lorsque ses clients étrangers auront rendu l'âme.

Cette mondialisation-là, mise en pratique par des idéologues dogmatiques, finira par détruire nos économies gravement

---

[21] Barack Obama, Discours d'Akra le 11 juillet 2009.
[22] Jacques Sarasin, *Le monde selon Stiglitz*, film Arte 2009.

malades si nous n'avons pas l'exigence de la réguler sévèrement. Une grande partie du renouveau de notre économie passe par là. L'essentiel de ce que nous consommons quotidiennement vient de Chine et toute augmentation éventuelle du pouvoir d'achat profite presque exclusivement à ce pays. Les États-Unis ont peut-être la première économie du monde, mais si la Chine communiste cesse de la financer, elle s'écroule!

Le capital fictif

Il n'est peut-être pas inutile, au cœur de notre réflexion, de revenir sur l'analyse que Karl Marx faisait il y a 150 ans, dans le fameux *Manifeste communiste*. Il distinguait le *capital productif* et le *capital fictif*.

Dans le premier stade, le capitaliste tire son profit de l'outil de production et du travail des salariés; dans le second stade, le capitaliste se détache des vicissitudes de la production et fait fructifier son argent sans produire de marchandise. C'est l'étape que vit actuellement l'Occident, après avoir délocalisé l'essentiel de sa production en Asie et perdu le contrôle des outils de production. Mais Karl Marx, dont l'œuvre est orientée vers la crise du capitalisme, montre bien que le capital fictif, c'est-à-dire la sphère financière, doit demeurer intimement couplé à la sphère productrice.

Or, nous avons assisté ces dernières années à un véritable découplage puisque la sphère financière tournait à vide, alimentée essentiellement par la spéculation et promettant des taux de profits très au-delà de ce que pouvait générer le meilleur des systèmes de production et les salariés les moins payés. Vous connaissez ces salles de fitness, très appréciées des traders, dans lesquelles des sportifs en chambre courent sans fin à contre-courant sur des tapis roulants. Voilà ce qu'est un travail improductif ! On demanderait à ces jeunes muscles de s'exercer pour produire de la véritable énergie, ils refuseraient de le faire. Cependant, à Portland, dans l'Oregon, sont nés des *green-fitness* où ceux qui pédalent fabriquent aussi de l'électricité. Pendant que la Chine travaille dans de vraies usines, l'Occident gaspille son énergie sur des tapis roulants ! Tout un symbole...

L'entreprise repose sur ce que l'économiste Schumpeter dénommait la « *destruction créatrice* » liée au cycle des affaires. Traduite autrement, la sélection naturelle privilégie les entreprises les plus performantes aux dépens des autres, ce qui débouche sur la constitution de puissants monopoles. L'évolution de la technique, depuis que le monde est monde, n'a rien fait d'autre. Les interventions étatiques, telles que nous les avons observées en 2009, pour sauver des entreprises et des banques mal gérées qui n'avaient pas su se réformer, ont empêché la destruction créatrice de réaliser son œuvre de renouveau. Cette entrave à la sélection naturelle et ce sauvetage de l'ancien nous laisseront englués dans la crise pendant des décennies. Mais l'originalité de Joseph Schumpeter fut de prévoir, dès les années 1930, l'effondrement du système capitaliste de l'intérieur, selon un processus bien éloigné de celui prévu par les socialistes. Dans un livre publié en 1951, il prévoyait que l'actionnariat prendrait le pas sur l'entrepreneur, autrement dit, la représentation de l'entreprise deviendrait abstraite, dématérialisée, réduite à un morceau de papier et « *finalement, il ne restera personne pour se soucier réellement de la défendre, à l'intérieur et à l'extérieur des sociétés géantes.*[23] »

---

[23] Joseph Schumpeter, *Capitalisme, socialisme et démocratie*, Payot, 1990, p. 193-194.

Le démantèlement actuel des sociétés industrielles en Occident, sous l'œil bienveillant des actionnaires et des financiers qui les dirigent prouve qu'il avait raison. Dans un essai récent, Jacques Attali a employé cette formule lapidaire : « *L'entreprise est pour l'actionnaire comme une sorte de prostituée dont le mépris qu'elle inspire à son client augmente avec le plaisir qu'elle lui procure.*[24] »

Les idées de Schumpeter furent reprises par John Galbraith, qui mit aussi en évidence la différence fondamentale entre le conglomérat monopolistique et la petite entreprise, seule soumise aux rudes lois de la concurrence. C'est le même Galbraith qui considérait à juste titre que l'origine de la crise de 1929 était due essentiellement à la spéculation, ce que beaucoup semblent avoir oublié en 2009 : « *Les causes de la catastrophe se trouvaient toutes dans l'origine spéculative.*[25] » Il est toujours surprenant de constater combien les hommes accumulent des connaissances, mais n'apprennent jamais rien !

Il faut bien comprendre ce que signifie le mot spéculation. Il ne s'agit pas de suivre les lois de l'offre et de la demande. La spéculation est totalement déconnectée des réalités économiques et même de toute réalité. La spéculation ressemble à un jeu virtuel au cours duquel les traders ne font que suivre les algorithmes que dictent leurs ordinateurs, fonctionnant plusieurs millions de fois plus vite que le cerveau humain. L'automatisation des marchés financiers fait que la vitesse des transactions est impossible à suivre par l'homme et des milliers d'allers et retours sur une action ou sur un indice s'opèrent en une journée

---

[24] Jacques Attali, *Survivre aux crises,* Fayard, 2009, p. 207.
[25] John Galbraith, *La crise économique de 1929,* Payot, 1970, p. 17.

sans que le trader ne se préoccupe jamais de la santé financière de la société dont il achète les actions, qui seront revendues avant qu'il n'ait fini son café ! Les spirales de hausses ou de baisses sont ainsi autoentretenues par les machines. En cas de cassure à la baisse, les ordres automatiques de vente produisent une réaction en chaîne et accélèrent la chute, qui peut se transformer en crack, bien que tout cela soit artificiel.

En outre, les ventes à découvert – qui consistent à vendre aujourd'hui des actions ou des indices que l'on ne possède pas – constituent le raffinement suprême de la perversion du système. En effet, les grandes institutions financières manipulent ainsi les cours en rachetant demain les actions dont elles viennent de faire baisser artificiellement les cours aujourd'hui par l'intermédiaire de la vente à découvert.

C'est ainsi que les traders et les banques s'enrichissent sur le dos de ceux qui travaillent et qui créent. Faudra-t-il une révolution pour mettre fin à la spéculation financière qui constitue une sorte d'esclavage moderne ?

Reconstruire ou moderniser les usines pour redonner du travail à nos concitoyens et apporter de la valeur ajoutée à nos économies, tel devrait être l'objet des plans de relance. Les prix augmenteront car nous ne savons pas travailler au même tarif que les Chinois, mais cette inflation sera saine en comparaison de celle qui nous menace et qui sera provoquée par l'injection massive de capitaux dans une économie importatrice. La finance doit donc se réconcilier avec la réalité et investir dans l'économie physique, c'est-à-dire les biens d'équipement et des outils de production. Il ne s'agit pas de construire des stades, des musées ou des bibliothèques. Ni même de construire de nouveaux hôpitaux dont les coûts de gestion deviennent des fardeaux insupportables et qui ne font que générer de nouveaux malades.

Ces réformes supposent un nouvel état d'esprit, basé sur la notion de responsabilité aussi bien au niveau collectif qu'au niveau individuel. La crise que nous traversons n'est pas seulement celle du capitalisme, cela serait trop simple. C'est sans doute celle du matérialisme, en tout cas, c'est sûrement celle de l'Occident et de son système de valeurs. Nous sommes tous collectivement responsables. Tous les éléments d'une société sont interconnectés et interdépendants. Chacun de mes actes a des répercussions globales et je ne peux pas être heureux seul contre tous.

L'organisation harmonieuse d'une société ou d'une économie suppose que les différentes parties qui la composent entretiennent entre elles une relation dynamique qui assure son autorégulation. Pour cela, il faut se mettre d'accord sur la finalité de l'économie. Voulons-nous être au service de l'économie, c'est-à-dire d'un dieu tyrannique et tout-puissant, ou bien préférons-nous une économie au service de notre épanouissement physique, psychique, affectif, moral et spirituel ? C'est ce choix que les événements nous proposent aujourd'hui.

Il nous serait sans doute profitable de relire Platon pour acquérir un peu de sagesse, notre vraie richesse. Méditons sur ces paroles de Socrate lorsqu'il achève son entretien avec Phèdre, à l'ombre d'un platane : « *Divinités de ces lieux, donnez-moi la beauté intérieure, et que l'extérieur soit en harmonie avec l'intérieur ; que le sage me paraisse toujours riche, que j'aie juste autant d'or que le sage peut en emporter avec lui... Je n'ai rien à ajouter à ma prière.* »

Comme Phèdre, faisons aussi les mêmes vœux pour vous et moi, « *car tout est commun entre amis* »[26].

---

[26] Platon, *Phèdre*, § LXIV.

4
Je redoute moins l'audace que la médiocrité

Des institutions humaines, on attend justice, efficacité, stabilité et pérennité. L'église catholique a traversé l'histoire et ses soubresauts et constitue aujourd'hui sans doute l'institution qui a le plus apporté la preuve de son efficacité, de sa stabilité et de sa pérennité, aux dépens parfois de la justice et de l'honneur. Or, il ne s'agit pas d'une organisation démocratique. De leur côté, les sociétés aristocratiques ont dominé le monde pendant des millénaires. La monarchie britannique, fondée par Guillaume le conquérant, a près de mille ans.

Combien de temps dureront nos jeunes démocraties ? De nos jours, les sociétés commerciales et industrielles qui ne sont pas démocratiques font preuve – en général – d'une grande efficacité en comparaison des gouvernements démocratiques, empêtrés dans des contradictions qui les paralysent.

La crécelle du lépreux

On dit en boutade que la démocratie est le pire des régimes, à l'exception de tous les autres. Hormis cette réserve, bien peu sont ceux qui se hasardent à mettre en doute le bien-fondé de la démocratie. Celle-ci est un tabou ou un dogme fondateur auquel nul n'ose toucher, au même titre que la vaccination, le dogme médical intangible. Ce genre d'interdit ne nous intimide pas, bien au contraire, il nous stimule. Le mot démocratie recouvre aujourd'hui une idéologie qui, comme toute idéologie, conduit à la négation de la pensée et à la restriction de la liberté d'expression.

En effet, quand on la regarde de plus près, la démocratie n'est pas exempte de très graves défauts. Le premier d'entre eux réside dans le fait que les qualités qu'il faut pour être élu n'ont rien à voir – et sont même plutôt antinomiques – avec les qualités qu'il faut pour gouverner. De Tocqueville ajouterait : « *Ce qu'il faut dire pour plaire aux électeurs n'est pas toujours ce qu'il conviendrait de faire pour bien servir l'opinion politique.*[27] »

Ainsi, avec la prédominance actuelle des médias d'information, la politique contemporaine attire de plus en plus d'hommes et de femmes qui tiennent plus du saltimbanque et du montreur d'ours que du chef avisé. Les belles gueules et les beaux parleurs ont ainsi infiniment plus de chances d'être élus que les bons gestionnaires. On appelle cela la *politique spectacle,* ce qui veut bien dire que l'on assimile plus le jeu politique à un divertissement médiatique qu'à un choix réfléchi, sage et mesuré. Pas étonnant donc que les gouvernements prennent si souvent, par incompétence, de très mauvaises décisions,

---

[27] Alexis de Tocqueville, *La démocratie en Amérique*, tome II.

contraires au bien public. Imagine-t-on une société commerciale démocratique ? Chacun sait bien qu'elle serait, en moins de temps qu'il ne faut pour le dire, balayée par la concurrence. D'ailleurs, les tentatives de sociétés autogérées n'ont guère dépassé le stade expérimental.

Dans une élection démocratique au niveau national, les dés sont le plus généralement pipés. On sait combien l'influence des médias est prépondérante et comment le peuple se laisse facilement influencer. Ainsi, pour ce qui concerne les grandes orientations politiques, les principaux médias sont téléguidés par un groupe de pression, plus ou moins occulte, qui travaille pour ses propres intérêts. Ce groupe décide de la paix ou de la guerre, comme on l'a vu à propos de l'Irak. Il décide aussi qui sera président. L'élu sera son prisonnier car il lui devra son élection.

Pour la suite, la tendance naturelle des régimes démocratiques semble être de se pervertir progressivement en systèmes démagogiques. En effet, la sélection naturelle pousse sur le devant de la scène, comme nous l'avons vu, les meilleurs acteurs, les plus cabotins, ceux qui savent faire rêver ; mais ces amateurs d'estrades sont souvent plus motivés par l'exhibition de leur *ego* que par le bien public. Une telle situation est aggravée par le fait que le peuple aime ceux qui le font rêver, et c'est bien naturel. Mais du rêve au mensonge, il n'y a qu'un pas vite franchi et l'expérience montre qu'en démocratie, celui qui est élu est généralement celui qui sait le mieux mentir et avec le plus d'affront.

Il n'y a rien de plus exécrable que cette démagogie qui consiste à promettre ce que l'on ne peut pas donner ; promettre par exemple de gagner plus en travaillant moins, ou donner ce que l'on ne possède pas en faisant reporter la charge sur les générations futures, comme avec le système des retraites ou des dépenses de santé en France.

Mais il faut bien admettre que le peuple n'aime pas la vérité, qu'il juge ennuyeuse. Il préfère la flatterie et le mensonge. « *Le bruit de la vérité les épouvante comme la crécelle d'un lépreux* », disait le roi Ferrante[28]. Ainsi, aucun homme politique ne peut être élu s'il ne laisse pas croire qu'il peut faire des miracles. *Yes, we can !* Nous aimons croire aux miracles et nous sommes prompts à en vouloir à celui qui ne les réalise pas.

Heureusement, l'histoire des peuples n'est pas toujours aussi ingrate et elle sait parfois nous apporter des hommes providentiels, de carrure d'homme d'État, des personnalités qui imposent le respect et qui, s'ils aiment le pouvoir, c'est pour le mettre au service de ceux qui les ont élus. Combien furent-ils depuis Périclès ? À l'époque moderne, on peut citer Winston Churchill, Charles de Gaulle, Michael Gorbatchev oublié de l'histoire et quelques autres. On espère ardemment que Barack Obama fera partie de ceux-là et que, derrière les belles phrases qu'il prononce, il a de fermes convictions et une haute idée de sa fonction.

Mises à part donc ces heureuses exceptions qui, dans le meilleur des cas, surviennent une fois par siècle – ce qui n'est pas une meilleure performance qu'avec les monarchies – la démocratie est confrontée à deux périls majeurs où elle risque de s'abîmer. Le premier de ces périls, c'est la dictature de la majorité qui a été mise au pouvoir par les urnes. En système démocratique, en général, c'est la majorité qui décide et fait les lois,

---

[28] Henri de Montherlant, *La Reine Morte,* acte III, scène VI.

sans égard parfois aux minorités qui n'ont donc pas la parole, précisément parce qu'ils sont minoritaires. Même avec le système des alternances, il est des minorités qui resteront toujours des minorités et ne seront représentées que marginalement. En France, ce fut le cas, par exemple, des minorités linguistiques qui furent opprimées au point de disparaître totalement. C'est encore le cas, aujourd'hui, avec certains mouvements de pensée qui dérangent et sur lesquels on appose l'étiquette infamante de « sectes » pour les discréditer et leur enlever la parole.

À cet égard, la France est en Europe la patrie de l'intolérance. Il est interdit de s'y exprimer en dehors de l'idéologie dominante diffusée par les médias et les institutions étatiques. Ainsi, le 7 janvier 2010 à l'aube, une armada digne de la Gestapo a envahi les locaux de l'admirable association Terre de Ciel, dans l'Ain, terrorisant le personnel. Terre du Ciel est un haut lieu de tolérance et d'ouverture où, tout au long de l'année, des milliers de personnes viennent débattre, en toute liberté, de problèmes de société. De même, l'interdiction de porter le voile islamique, imposée par les intégristes de la laïcité, apparaît comme le comble de l'intolérance ; ce n'est pas seulement l'interdiction de s'exprimer, mais c'est aussi l'interdiction de penser sa culture. Il me vient alors à l'esprit cette belle formule de Montesquieu, valable sous tous les régimes politiques : « *Il n'y a point de plus cruelle tyrannie que celle que l'on exerce à l'ombre des lois et avec les couleurs de la justice.*[29] »

L'apologie de la démocratie repose sur l'illusion de la liberté de parole. Dans les faits, cette soi-disant liberté butte sur un double obstacle : d'une part, la liberté de parole n'a de sens

---

[29] Montesquieu, *Grandeur et décadence des Romains*, chap. XIV.

que si on vous donne la parole, mais la dictature de la pensée dominante s'exerce en démocratie comme dans tout autre régime. On ne vous laisse la parole que si ce que vous dites est conforme à l'idéologie du moment, sinon, votre message est ridiculisé, bafoué, dévié de son sens par une cohorte de « bien-pensants ». D'autre part, le brouhaha médiatique est tel que la parole du dissident se perd dans la cacophonie et ce qu'il a à dire est étouffé et évacué par le flot continu de l'information. Cette parole amère de Soljenitsyne résonne alors à nos oreilles : « *Je viens d'un monde où il est interdit de parler. J'arrive dans un monde où l'on peut tout dire et cela ne sert à rien.*[30] »

La dictature de la médiocrité

Le deuxième péril auquel est confronté tout régime démocratique, c'est la dérive vers le laxisme et la faiblesse. C'est la méthode de gouvernement surfant sur les sondages d'opinion et ne prenant jamais une décision qui ne soit pas populaire. Le peuple est émotif et versatile comme un enfant. Il pleure de vraies larmes et la minute d'après, il rit aux éclats. Les médias savent jouer avec les émotions populaires qu'ils attisent. Ils tirent leur gagne-pain de nos drames quotidiens qu'ils jettent en pâture à leurs lecteurs comme à des fauves. Chaque jour, il leur faut une nouvelle tragédie, fût-ce à la fomenter, et désigner un bouc émissaire à la vindicte publique.

Malheureusement en démocratie, il est bien difficile d'échapper à la pression des échéances électorales, et les hommes politiques

---

[30] Alexandre Soljenitsyne, cité par Patrice Gélinet, « 2 000 ans d'histoire », sur France-Inter, mars 2009.

sont alors comme ces parents qui ne savent jamais dire non à leurs enfants : ils ne seront pas respectés et peut-être même méprisés. C'est tout à fait ce qui se passe dans nombre de régimes démocratiques contemporains dans lesquels on confond liberté et laisser-faire. Cette faiblesse coupable est celle des lâches et elle s'est insinuée dans tous les rouages de la société. En famille d'abord ; à l'école surtout où, à force de laxisme, les maîtres ne sont plus respectés ; dans certains quartiers aussi où les casseurs et les dealers font la loi en toute impunité ; dans la rue enfin, quand une partie du peuple conteste la légitimité des lois décidées par ceux qui ont été élus pour les faire.

On peut même avancer que l'on peut imputer aux excès démocratiques une partie de l'origine de la crise financière et économique qui s'est abattue sur le monde en 2008. C'est pour plaire au peuple qui en veut toujours plus qu'a été mis en place un système laxiste d'accès au crédit ; c'est par démagogie que les politiques ont laissé s'accumuler les déficits gigantesques de l'assurance chômage, des systèmes de retraite et des caisses maladie ; c'est par démagogie et pour augmenter artificiellement le pouvoir d'achat que les responsables économiques ont favorisé la délocalisation massive des entreprises. Par manque de courage, on n'a pas dit au peuple qu'il vivait au-dessus de ses moyens ; on ne lui a pas dit la vérité, à savoir que les pays émergents, à faible coût de main-d'œuvre, allaient nous submerger avec des biens à très bas prix et, dans le même temps, tuer notre industrie. La démocratie ne fait pas bon ménage avec la vérité ! C'est à nouveau pour plaire au peuple à court terme que les États s'endettent au-delà du raisonnable en créant une nouvelle bulle de la dette qui, lorsqu'elle éclatera de façon inévitable, ruinera la planète. C'est pour créer l'illusion de la richesse que les principales banques centrales, à New York et à Londres, mais aussi à Francfort et à Zurich, créent de la monnaie pour payer les dettes des États. On sait où tout cela conduira, mais le *leitmotiv* démocratique sera maintenu le plus longtemps possible : cacher la vérité et mentir jusqu'au bout, jusqu'au dernier moment, jusqu'à la catastrophe finale.

En fin de compte, les démocraties vivent sous la dictature de l'opinion. Cette opinion est versatile et changeante et ne surfe qu'à la surface des choses. L'opinion populaire est éminemment émotive et se laisse souvent tromper par l'arbre qui cache la forêt. Elle va se braquer sur un détail tandis que l'essentiel lui échappera. Chacun est occupé par ses obligations et ses soucis et l'on se désintéresse volontiers de la chose publique, sauf pour exprimer sa mauvaise humeur tous azimuts. On juge souvent la chose publique ennuyeuse et compliquée. On préfère le foot, plus facile à comprendre, ou les secrets d'alcôve de nos leaders car ils sont plus croustillants ! « *L'honnête homme redoute de vivre en aval du fleuve de l'opinion publique ; toute l'ordure du monde s'y accumule* », remarquait déjà Confucius[31].

Le peuple est donc versatile, émotif et influençable. Il se laisse facilement piéger par les slogans simplificateurs des partis politiques et des médias. Il aime qu'on lui dise que tout va pour le mieux dans le meilleur des mondes et que, de toute façon, cela ira mieux demain qu'aujourd'hui. Les médias, qui vivent de notre paresse intellectuelle, nous décrivent un monde irréel et brossent un tableau approximatif des situations complexes. Ces mêmes médias, qui devraient être consubstantiels de la démocratie, concourent en fait à son dévoiement. Ils éclairent le détail

---

[31] Confucius, *Entretiens*, chap. XIX, § 20.

avec tous leurs feux, mais cachent les faits importants et taisent les situations complexes. Cela rejoint la remarque de Soljenitsyne que nous citions plus haut. Les médias sont plus prompts à enfourcher les polémiques politiciennes et à les gonfler sans vergogne qu'à nous informer honnêtement. Chaque jour, ils nous construisent une nouvelle tragédie, un nouveau drame, un nouveau scandale pour attirer la clientèle, mais jamais, ils nous aident à réfléchir sans *a priori*, sans idées toutes faites, sans paroles définitives. Ils regardent le monde par le petit bout de la lorgnette et abaissent le débat.

Ainsi, la faiblesse est le symptôme le plus grave des régimes démocratiques à tendance démagogique. Ces régimes sont incapables de se réformer, incapables de prendre des décisions courageuses face à l'adversité. La faiblesse est contagieuse et descend rapidement tous les degrés de la pyramide hiérarchique. Les jeunes manquent de motivation et d'ambition et chacun rêve d'être fonctionnaire. J'aime à citer cette prophétie d'Alexis de Tocqueville : « *Je redoute bien moins, pour les sociétés démocratiques, l'audace que la médiocrité des désirs.*[32] » Les partis politiques qui veulent caresser le peuple dans le bon sens du poil sont prompts à dresser la liste des droits de chacun, mais oublient de leur rappeler leurs devoirs, même les plus essentiels et les plus élémentaires. Ainsi, de génération en génération, les sociétés démocratiques s'affaiblissent et s'amollissent. Comme le dit un jour de Gaulle, « *le pire des coups d'États est celui qui maintient la dictature de la médiocrité.* »

On peut même avancer que les systèmes démocratiques, tels qu'ils fonctionnent actuellement, sont totalement inadaptés

---

[32] Alexis de Tocqueville, *La démocratie en Amérique*, tome II, 3ᵉ partie, chap. 19.

pour agir dans des situations de crise. Notre monde évolue très vite et nécessite donc d'avoir une vision lointaine et d'apercevoir les obstacles de loin afin de les contourner. Mais la démocratie vit dans le présent émotionnel des peuples. À une époque où le monde bougeait lentement, Confucius disait déjà : « *Qui ne se préoccupe pas de l'avenir lointain se condamne aux soucis immédiats.*[33] » Que dirait-il dans un monde qui fonce à toute allure ? La stabilité politique assurée par des dynasties solides et pérennes facilite et encourage les plans d'avenir, comme cela se fit au Japon au XVIIe siècle avec les Shoguns[34]. En revanche, les régimes démocratiques faibles, hantés par leur propre devenir, n'ont ni le goût, ni les moyens de prendre des décisions sur le long terme.

Un professeur d'économie nous rappelle fort à propos le célèbre théorème d'Arrow qui démontre l'impossibilité des choix collectifs raisonnables et contraignants. Ceci fut illustré à merveille par la conférence de Copenhague sur le climat, en décembre 2009, qui sombra dans le ridicule. Gouverner, c'est prévoir, mais en démocratie, « *les générations futures, pas plus que les morts, n'ont de poids politique* ». Pourquoi donc faire des sacrifices sans espérer engranger les bénéfices[35] ? C'est pourquoi les démocraties faibles ne peuvent survivre aux crises graves. Arrive toujours un temps où les peuples désespèrent de leurs dirigeants, incapables, par essence, de prendre des décisions difficiles. Ainsi en vient-on à attendre un sauveur et, à force de l'attendre, on finit par en trouver un, à qui le peuple demandera

---

[33] Confucius, *Entretiens*, chap. XV, § 12.
[34] Jared Diamond, *Effondrement*, Folio Essai, 2005, p. 504-506.
[35] Ivar Ikeland, « Les urgences sont diverses », *Pour la Science*, janvier 2010, p. 17-18.

d'imposer par la force ce qu'il est incapable de s'imposer à lui-même librement. Il convient ici de plaider en faveur de la démocratie Suisse, dans laquelle, comme nous le verrons plus loin, le peuple est consulté pour chaque décision et si les choses tournent mal, il ne peut s'en prendre qu'à lui-même.

À l'opposé, dans les démocraties faibles, le peuple est mis sous tutelle, après avoir délégué son pouvoir à un inconnu qu'il a élu. Le citoyen, tel un enfant, veut tout tout de suite. Le même homme, capable de planifier raisonnablement sa vie, fera des caprices juvéniles et égoïstes face à son gouvernement. Il trépignera si nécessaire pour obtenir ce que papa n'a pas les moyens de lui payer ; mais ce dernier finira par s'endetter au-delà du raisonnable pour acheter l'affection de son rejeton. Ainsi va la démocratie : elle fabrique des enfants gâtés, des fils à papa dont on sait comment ils finissent.

C'est ce type de mollesse qui rend particulièrement fragile la démocratie française où chacun demande à être assisté par un État transformé en Père Noël, sans jamais se demander ce qu'il pourrait faire pour lui-même et par lui-même. Les Français sont empêtrés dans la triangulation tragique victime-sauveur-bourreau dont ils ne parviennent pas à se dégager. Ils se considèrent facilement victimes d'un bourreau imaginaire et supplient les institutions de jouer le rôle de sauveur. L'élu est le sauveur désigné par le peuple des victimes. Mais comme chacun sait, la victime devient vite tyrannique, trouve que le sauveur n'en fait jamais assez et finit par lui en vouloir de l'avoir mis en dépendance. À la fin, ce peuple qui se croit victime descend dans la rue pour faire la révolution. La victime a ce talent de gémir, de se faire plaindre et de culpabiliser celui qu'elle a désigné comme sauveur. S'il refuse d'être sauveur, il sera désigné comme le bourreau. S'instaure alors un mouvement de bascule névrotique entre deux entités, tour à tour bourreau ou victime. Dans les démocraties faibles, les hommes politiques n'ont pas d'autre choix que d'accepter les habits du sauveur et c'est ce qui cause leur perte.

Pour mieux comprendre ce qu'est une démocratie faible, il suffit de jeter un œil sur la photo, désormais historique, de nos chefs d'État lors de la fameuse réunion du G20 à Londres, le 1er avril 2009. La vedette était incontestablement Barack Obama fraîchement élu et chacun rivalisait pour être à ses côtés. Il fallait être vu rire et plaisanter avec lui, il fallait être vu recevoir de sa part une accolade amicale. C'est finalement Berlusconi qui décrocha le pompon en parvenant à se placer derrière Obama, de façon à pouvoir lui mettre les deux mains sur les épaules dans un signe de franche connivence entre deux vieux copains. Cette photo lui vaudra un bond de dix points dans les sondages. Ainsi vont les démocraties ! Sarkozy, étant donné sa taille, avait été placé au premier rang et tira une tête de quatre pieds de long. Au milieu de ces pitreries de cour de récréation, Hu Jintao, le président chinois restait digne et de marbre, égal à lui-même, impassible, d'une parfaite maîtrise. Le maître au milieu de ses élèves ! Il n'a pas besoin de la politique spectacle.

L'idéologie du bon sens

Il est un autre facteur qui affaiblit les régimes démocratiques : c'est l'esprit de parti qui dérive souvent en esprit partisan. Les partis politiques utilisent volontiers un langage guerrier et vivent les élections comme une bataille, avec des vainqueurs et des vaincus. Les vainqueurs manquent souvent de modestie et les vaincus sombrent dans une opposition farouche, bête et méchante. On en vient à penser que les préoccupations des partis se résument à leur propre succès et qu'ils ne portent à leur pays qu'un intérêt second, voire accessoire.

Dans les périodes difficiles, le régime des partis est un handicap majeur pour les démocraties. Lorsque le pays a besoin d'être uni, les partis politiques plaident pour la désunion ; c'est une attitude suicidaire qui, à chaque fois, prépare la dictature. Un parti devient partisan et dogmatique, ce qui est la négation de l'intelligence. Le régime des partis est détestable et méprisable. Chaque parti œuvre pour lui-même. La démocratie se limite alors en joutes verbales et en échanges agressifs où la mauvaise foi est la règle. À la fin de ce processus soi-disant démocratique, deux partis finissent par se répartir les rôles : l'un gouvernera et l'autre sera dans l'opposition.

Quel mot horrible et malvenu que ce mot « opposition », qui dit trop bien ce qu'il veut dire. Le parti d'opposition va systématiquement s'opposer et dire non à tout ce que le parti de gouvernement proposera, y compris les mesures qu'il préconisait lui-même. Le plus petit projet de bon sens sera toujours aveuglément rejeté, même s'il s'agit d'un projet qui constitue un vrai progrès pour la vie des citoyens. Il conviendrait mieux de dire « parti de propositions, parti de dialogue ». Mais qui parle aujourd'hui de dialogue ? Il n'y a que des monologues et des sourds...

Au cours de l'histoire contemporaine, les hommes politiques à l'esprit ouvert furent marginalisés par leur parti et, ensuite, écartés parce qu'il est intolérable d'approuver, même du bout des lèvres, ce que propose le parti opposé.

Mais il y a pire encore que cette opposition systématique, bête et méchante. Il y à l'idéologie, c'est-à-dire une somme de règles théoriques supposées assurer le bien-être de la société. Les idéologies, avec leurs maîtres à penser, finissent toujours statufiées par des règles et des dogmes intangibles qu'il convient de respecter, quelles qu'en soient les conséquences. Les idéologues ont ceci de néfaste qu'ils ne cherchent pas à s'adapter à la réalité, mais ils demandent à la réalité de se plier à leur idéologie. Certains peuples excellent pour bâtir des idéologies, qui n'ont pas leur pareil pour abrutir les gens et anesthésier l'intelligence.

Les idéologies politiques, comme le socialisme, le marxisme, le libéralisme ou le capitalisme, ressemblent beaucoup aux religions et se résument à répéter des phrases toutes faites qui exonèrent de penser par soi-même. La dernière idéologie à la mode fut la mondialisation, appliquée de façon aveugle et coupée des réalités par des politiciens qui pensaient ainsi être dans le vent de l'histoire. En fait, la seule idéologie qui vaille est celle du bon sens, pragmatique comme le geste de l'artisan qui sait qu'il ne peut faire abstraction de la réalité têtue et obstinée.

Méfions-nous donc de l'intellectualisme, toujours prompt à jouer avec les idées et à nous mentir en bâtissant des cathédrales de mots sonores et creux, édifiées sur les sables mouvants d'une pensée confuse. Laissons les « grands esprits » entre eux, laissons-les jouer avec leurs abstractions et refusons d'appliquer leurs grands principes. Les dogmes sont toujours mensongers ; seul le bon sens préserve l'intelligence. Kant, qui ne s'est pas mêlé de politique, eut cette belle formule : « *Ma pensée n'impose aucune nécessité aux choses.* »

Comme nous venons de le voir, les régimes démocratiques sont bien plus fragiles qu'on ne le pense généralement, dans la mesure où ils peuvent s'écrouler sur eux-mêmes dans les périodes d'adversité que nous traversons. Les grands prêtres de la démocratie mettent en avant sa prétendue efficacité dans le domaine du développement économique, en oubliant toutefois de préciser que ce sont les sociétés commerciales et industrielles, non démocratiques, qui ont créé la richesse au sein des démocraties libérales. En fait, c'est la société de marché et non pas la démocratie qui a créé la richesse. La Chine, non démocratique et dont l'économie explose depuis qu'elle a choisi le libéralisme, nous administre la preuve que ce n'est pas l'efficacité démocratique qui est efficiente. Au contraire, les démocraties faibles, en particulier en Europe du Sud, ont tout à craindre d'une confrontation économique avec la Chine, ambitieuse et déterminée, beaucoup plus efficace pour s'adapter rapidement aux nouvelles donnes internationales. La grave crise qui touche aujourd'hui l'Occident et qui n'est pas seulement une crise économique, met en lumière l'avantage sans doute décisif de « *l'autoritarisme éclairé et du capitalisme dirigé* » appliqué en Chine, par rapport au « *désordre démocratique et au capitalisme sauvage* » exercé en Occident[36]. Nos démocraties ont manqué d'ambition. Il se peut que cela soit le propre des démocraties si l'on en croit l'analyse d'Alexis de Tocqueville dont je ne peux résister au plaisir de citer à nouveau la superbe formule : « *Je redoute moins l'audace que la médiocrité des désirs.* »

La construction de l'Europe est, à elle seule, le symbole de cette médiocrité. Un grand corps désarticulé, sans tête et surtout sans âme. C'est devenu un projet sans ambition, sans vision haute, une sorte d'auberge espagnole où chacun mange

---

[36] Guy Sorman – gsorman.typepad.com – décembre 2009.

dans son coin. Honte aux peuples et à leurs dirigeants qui ont, sans relâche, brisé tout élan mobilisateur par leurs paroles ou leurs votes. L'Europe était une grande idée, sabotée par des personnages étriqués, recroquevillés sur leurs prérogatives. Cette Europe qui, à peine esquissée, aujourd'hui se détricote et se délite, est à elle seule l'emblème et le symbole d'une société à bout de souffle, sans élan, sans foi et sans âme.

Il n'est pas sans intérêt de faire remarquer que la construction européenne ne fut pas démocratique, en ce sens que les peuples n'ont jamais été consultés, ce qui ne manque pas de sel de la part de nations qui se gargarisent de démocratie ! De nouveaux pays se sont agglomérés sans que notre avis ne fût jamais demandé. Et pourtant, s'il y avait bien un motif de consultation populaire, c'était bien celui de la construction européenne. Mais tout cela traduit dans quel mépris les soi-disant démocrates tiennent le peuple. Il n'est pas étonnant, dans ces conditions, que le traité constitutionnel fut rejeté par le peuple et il n'est pas étonnant non plus que la grande idée européenne soit devenue une petite idée de boutiquiers.

Cette Europe frileuse et faible n'a pas su protéger ses frontières et contrôler une immigration sauvage d'individus, sans savoir-faire et sans qualification, qu'elle était incapable d'intégrer et d'assimiler. Cette masse humaine considérable, désœuvrée et déracinée, erre dans les villes sans travail et sans espoir, soumise naturellement aux pires tentations. Certains d'entre eux font montre d'arrogance, de mépris et d'agressivité vis-à-vis des pays qui les accueillent tant bien que mal. Il est probable que l'histoire jugera avec la plus extrême sévérité cette faiblesse coupable des peuples et des dirigeants. Les « belles âmes » au grand cœur qui, contre tout bon sens, plaident pour l'ouverture des frontières, sont les mêmes qui vont défiler dans les rues contre le chômage et les bas salaires ! La nature humaine est pleine de contradictions et d'inconséquences.

Malgré toutes ces réserves que chacun peut constater, malgré ces vices qui fragilisent nos démocraties, ces dernières manquent de modestie. Non seulement elles font du prosélytisme et voudraient exporter un système fragile et mal rôdé, mais elles usent de pressions et de chantage sur les pays qu'elles ne jugent pas assez démocratiques. Les démocraties, comme tous les intégrismes et comme tous les fanatismes, usent de méthodes totalitaires pour imposer leur modèle du monde. L'arrogance des démocraties a un relent de colonialisme particulièrement déplaisant. Mais l'Occidental ne peut se défaire de l'idée qu'il n'existe qu'une seule vision possible du monde : la sienne !

Imaginez que l'on installe, d'un coup de baguette magique, la démocratie au Maroc, en Tunisie ou en Égypte, comme le prônent nos chers démocrates. Tout le monde sait bien que c'est l'anarchie et une plus grande misère encore qui s'installeraient immédiatement. L'Europe et les États-Unis trouvaient que le shah d'Iran n'était pas assez démocratique et ont exercé des pressions odieuses pour qu'il quitte le pouvoir. C'est le régime des ayatollahs qui lui a succédé ! Mais personne, ni aucune démocratie, n'a fait son *mea culpa*. Au contraire, les démocraties ont continué à donner des leçons même à ceux qui ne demandaient rien. Les Américains ont voulu installer au forceps la démocratie en Irak et ils ont récolté l'anarchie et le désordre.

La république des talents

Arrive donc le moment de s'interroger sur le régime qu'il conviendrait de proposer pour donner plus de force aux démocraties occidentales les plus affaiblies. Il est vrai que l'idéal d'une « dictature éclairée » avec au pouvoir des hommes sages et talentueux relève sans doute de l'utopie, tout au moins en l'état actuel du niveau de conscience des peuples.

Quand j'évoque la dictature éclairée, je ne fais pas l'apologie des régimes totalitaires qui constituent le pire que l'on peut imaginer, mais je fais référence à un régime autoritaire. Je crois beaucoup au régime du bon sens qui surclasse toutes les idéologies. On pourrait donc imaginer une démocratie autoritaire, mais pragmatique, c'est-à-dire étrangère à toute idéologie. La politique ne serait pas l'apanage de partis sectaires et partisans, confisquée par des individus qui en font métier, mais par de véritables talents ayant exercé avec succès dans divers secteurs de la société.

La politique se discrédite chaque jour davantage car elle est la chasse gardée d'un cénacle d'initiés, le plus souvent fonctionnaires, sans expérience réussie dans quelque domaine que ce soit. Ces individus gesticulent et encombrent les estrades de leur lyrisme ennuyeux et de leurs imprécations stériles. Souvent, ils sont plutôt mus par leur ego que par le désir de servir. Imaginons une république des talents qui succéderait au régime des partis.

Nous devrions réfléchir davantage sur les méthodes utilisées par les Tibétains pour choisir leur leader. On pourrait imaginer sélectionner un certain nombre de jeunes à la fois intelligents et sages, puis de les éduquer dans le but de devenir des leaders politiques. Cette sélection ne se ferait pas selon la somme de leurs connaissances ou selon leurs performances en mathématiques ! Il conviendrait davantage d'apprécier leur degré de maturité, d'équilibre psychologique, d'autorité naturelle et d'ouverture d'esprit. Sélectionner non pas des arrivistes égotiques, mais des altruistes évolués, conscients de leur mission. Le choix final pourrait se faire par tirage au sort, ou bien par une élection au sein de ce collège d'élites. En cas de dérapage, l'élu serait révocable par le conseil des anciens qui tiendrait lieu de Parlement. Est-ce une trop grande utopie ?

Mais il nous faut revenir sur terre et regarder autour de nous. Si la démocratie à la française apparaît comme le modèle d'une démocratie affaiblie et vulnérable, en revanche, la démocratie suisse, pays limitrophe, me semble être le modèle d'une démocratie aboutie, efficace et particulièrement stable. Au départ pourtant, l'entité suisse partait avec de sérieux handicaps : pas de ressources naturelles (sauf l'eau), une agriculture de montagne pauvre, quatre langues nationales et coincée entre quatre voisins à tendance hégémonique ; c'est le moins que l'on puisse dire. De ce handicap, la Suisse a fait une force et a réussi, en un siècle, à faire de son peuple l'un des plus prospères de la planète. Un pays pauvre et vulnérable ne devient pas riche par hasard ; c'est le fruit du travail efficace de plusieurs générations de travailleurs et c'est le fruit aussi d'une démocratie forte, basée sur un consensus politique original. L'efficacité de la démocratie helvétique repose à mon avis sur quelques principes simples qui lui donnent toute sa force :

- Tout d'abord un système fédéral, avec 26 cantons, qui organise une vraie décentralisation, un respect des minorités, des quatre langues officielles et des deux religions majoritaires.

- Le recours fréquent au référendum pour toutes les questions locales, régionales ou nationales. Le peuple, les communes, les cantons ou le gouvernement fédéral ont la possibilité de proposer un référendum. La plus grande comme la plus petite décision est soumise à votation. À chaque fois, c'est le peuple qui décide. Il ne peut y avoir de contestation possible ; pas besoin de descendre dans la rue et de tout casser.
- Un conseil fédéral de sept membres qui siègent à Berne pour toute question de politique générale. La grande originalité de ce système réside en ce que tous les partis politiques sont représentés au sein de ce gouvernement, en proportion de leur poids électoral. Ces conseillers (ou ministres) sont donc obligés de prendre des décisions collégiales qui les engagent tous. Ce consensus, que l'on retrouve à tous les échelons de la vie politique suisse, oblige les partis à la modération et à la retenue. S'il est vrai que la recherche du consensus confère une certaine lenteur à chaque décision, elle assure néanmoins une grande stabilité puisque le prochain gouvernement ne sera pas tenté de défaire ce qu'a fait le précédent.

Certains prétendent que l'abondance des consultations populaires lasse le peuple, qui finit par se détourner des urnes. En Suisse, l'abstention atteint fréquemment 50 % ou plus. En fait, il s'agit d'une sorte de sélection naturelle qui amène au vote les mieux informés, et donc les plus aptes à voter avec bon sens et en connaissance de cause. Cela aboutit à une démocratie plus intelligente et plus responsable, moins sujette aux aléas d'une opinion girouette.

Au final, la démocratie suisse a tant de vertus que l'on peut s'étonner qu'elle ne soit pas imitée. Mais en Suisse, il n'y a pas de sauveur, pas de personnalité qui cherche à se mettre en avant.

Même le président de la Confédération change chaque année et provient tour à tour des différents partis.

Dans la tourmente qui s'annonce, la démocratie suisse, modeste, travailleuse et respectueuse du peuple survivra et apparaîtra comme un système politique fort et respecté. Les démocraties faibles, avec des partis divisés et hostiles les uns aux autres, avec un peuple jamais consulté et infantilisé, feront des caprices d'enfant et casseront leurs jouets. Elles accuseront pêle-mêle le libéralisme, la société de marché, la concurrence étrangère, mais ne songeront jamais qu'elles sont maîtresses de leur destin. En choisissant ce qui leur apparaissait comme la voie de la facilité, les démocraties faibles ont en fait choisi celle de la plus grande difficulté.

La Suisse, au cœur de l'Europe sans être intégrée à celle-ci, aurait pu servir de modèle à une Europe fédérale. Mais l'Europe manque de cohérence car elle n'est qu'un empilement hétéroclite de pays encore imprégnés d'un nationalisme d'un autre âge. L'Europe a manqué son destin en refusant de s'amalgamer dans un même creuset. L'énergie et le dynamisme des fondateurs se sont dilués au fil des années, lorsqu'elle s'est agrandie sans se fortifier. L'Europe a grandi en s'affaiblissant et en acceptant des peuples non motivés, tel le Royaume-Uni, cheval de Troie de la puissance américaine, dont chacun sait bien qu'elle rêve d'une Europe qui ne serait qu'un grand marché sans puissance politique ni militaire.

Dominés par la puissance financière et économique anglo-saxonne, nos politiciens n'ont jamais eu la vision politique à la hauteur d'un grand destin. L'Europe s'est contentée de la médiocrité dans laquelle elle se complaît. Nous sommes restés les vassaux des Anglo-Saxons, mais la crise dans laquelle nous entrons sera peut-être l'occasion de redistribuer les cartes, si nous en avons le courage et la détermination.

Le vin pur et enivrant de la liberté

D'autres difficultés paraissent inéluctables, tel le vieillissement de la population qui constitue à lui seul un problème quasi insurmontable et un danger imminent. La pyramide des âges dans les pays développés montre tout d'abord que le pourcentage de la population en âge de travailler décline rapidement ; il sera égal ou inférieur à 50 % à l'horizon 2050. Cela signifie que chaque travailleur devra survenir aux besoins d'un retraité. En outre, les dépenses publiques liées au vieillissement vont exploser et représenteront 1/5 ou 1/4 du PIB. Il en découle bien entendu que ce sont les personnes âgées qui décideront de l'avenir du monde afin de relever les immenses défis qui attendent l'humanité ; défis qui seront mis en œuvre par les plus jeunes, qui devront se retrousser les manches. En effet, « *les plus de cinquante ans vont rapidement constituer la majorité des électeurs dans de nombreux pays. Ce sera le cas en Suisse et en Finlande en 2010*[37] », relève Chiemi Hayashi dans le dernier rapport du World Economic Forum.

Pour l'instant, les anciennes générations continuent de dépenser allègrement l'argent des générations futures, en espérant cependant qu'elles prendront soin d'elles lorsqu'elles seront vieilles et malades ; étrange attitude qui risque fort de déboucher sur une immense désillusion. L'affrontement des générations constitue une hypothèse plausible qui signerait l'arrêt de

---

[37] Chiemi Hayashi, « Transforming Pensions and Healthcare in a rapidly ageing World », World Economic Forum, 2009.

mort de la démocratie ! Soyons lucides : l'euthanasie pourrait constituer la seule réponse efficace, mais je doute qu'elle soit décidée démocratiquement...

On ne peut parler de démocratie sans relire *La République* de Platon, où Socrate nous explique comment la démocratie succède à l'oligarchie : « *La démocratie est alors née de la victoire des pauvres... Les gens sont libres. La cité déborde de liberté, de libre expression, et l'on y a le droit de faire ce que l'on veut. Mais l'existence de ce droit fait bien entendu que chacun organise individuellement sa vie de citoyen selon son bon plaisir.* » Selon Socrate, ce bon plaisir conduit la jeunesse à ne pas se contenter de « *désirs nécessaires* » et fondamentaux, mais à rechercher « *les désirs inutiles* ». [...] « *Ces nouveaux désirs grossissent en nombre et en force... La victoire est aux charlatans. La dignité devient sottise dans la bouche des gens. La maîtrise de soi devient veulerie... La violence prend le nom de bonne éducation ; le refus de l'autorité devient liberté ; la prodigalité devient générosité, et l'impudence devient courage.*[38] »

Socrate semble nous décrire ici toutes les caractéristiques des démocraties faibles. Et la conclusion à laquelle il arrive sonne aujourd'hui à nos oreilles comme un terrible présage : « *L'insatiable désir de liberté et le désintérêt pour toute autre chose provoquent au sein du régime démocratique une transformation qui le prépare à la tyrannie comme à un véritable besoin.*[39] »

Il poursuivit dans son élan et nous offre cette superbe description qui semble nous être adressée à vingt-cinq siècles de distance : « *Supposons une cité au régime démocratique, assoiffé*

---

[38] Platon, *La République*, 4ᵉ tableau, scène I, § 557-560.
[39] Platon, *Ibid.*, 4ᵉ tableau, scène I, § 562.

de liberté sous de mauvais sommeliers ; elle y dépasse la mesure, et le vin pur de la liberté l'enivre. Mais supposons que les autorités manquent de complaisance et lui refusent son content de liberté : elle leur inflige alors l'accusation d'oligarques pourris ! »

N'en sommes-nous pas là aujourd'hui, un peuple sans repère et sans boussole, mais qui, enivré de liberté, refuse toute contrainte ?

5
Il faut imaginer Sisyphe heureux

Ce qui me frappe avant tout quand je voyage, c'est l'incapacité des sociétés contemporaines à générer du beau. Promenez-vous dans nos villes, elles ne sont belles que dans le centre historique ; dès que vous pénétrez dans les banlieues, vous êtes souvent frappé par la laideur des immeubles, des HLM et des bâtisses commerciales. Tout a été construit, dans le meilleur des cas, au meilleur rapport qualité-prix, sans aucune recherche esthétique, sans tentative d'harmonie. Des grands ensembles de constructions anarchiques rongent les collines comme un cancer. Pas une parcelle de beauté !

Aussi loin que remonte l'histoire de l'humanité, on retrouve une recherche d'équilibre, d'harmonie, voire de beauté dans la construction des demeures. Regardez la hutte africaine ou la ferme traditionnelle de nos provinces et vous êtes émerveillé.

Je crois profondément que nos maisons sont le reflet de nous-mêmes. Une société qui construit de la laideur génère du laid à d'autres niveaux. Celui qui a de la beauté dans la tête ne peut tout simplement pas construire du laid. Nos banlieues sont le miroir de ceux qui les ont conçus.

La laideur des barbares

Le débraillé est à la mode ; il est même érigé en élégance vestimentaire. On ne sait plus s'asseoir devant la télévision ; on s'avachit. Notre laideur contemporaine est une sorte d'abandon de soi, de manque de dignité. Une mollesse dans le maintien qui traduit une mollesse et un laisser-aller intérieurs. Et ce ne sont pas les émissions de télévision ou les films qui vont nous élever et nous sortir de cette laideur.

Je suis conscient combien il est difficile de parler de notre laideur sans paraître prétentieux. Mais pour s'en convaincre, il suffit de contempler avec un peu de distance l'attitude du touriste en vadrouille. Regardez sa démarche traînante, avec sa casquette sur la tête et ses tongs au pied. On a l'impression qu'il porte son ennui et sa lassitude. Comparez-le avec la fierté et l'élégance du fellah égyptien ou du nomade malien et vous comprendrez ce que je veux dire. Prenez aussi le temps de fouiller les greniers et de retrouver quelques photos jaunies de vos grands-parents ou arrière-grands-parents. Vous serez fiers d'eux car ils étaient fiers d'eux-mêmes ; qu'ils fussent paysans, ouvriers ou bourgeois, regardez bien leur port de tête, leur maintien général. Méditez sur cette sobre fierté qui les animait et mesurez le fossé qui nous en sépare.

La laideur de notre époque se lit sur nos visages et sur nos corps. Soyons seulement un peu lucides et regardons – avec compassion et sans mépris – ces innombrables visages gris et tristes que l'on frôle dans les rues ou dans le métro, mais dont on ne croise jamais le regard. Regardons tous ces corps affaissés, déformés par la malbouffe, qui se dandinent dans les supermarchés et se remplissent d'aliments hypercaloriques. Mais rien n'arrive par hasard : ils ont le *look* « boulettes de viande et frites » !

Nous sommes laids comme nos aliments, comme les films de la télé, comme les photos de nos magazines, comme nos pensées. Nous sommes habillés de la laideur de notre société. Comparez le *look fast-food* avec celui du paysan afghan à la démarche altière, qui se nourrit chaque matin d'une galette de froment et d'une tasse de thé. Néanmoins, nous méprisons le paysan afghan car nous sommes les maîtres du monde. Les barbares ont la force avec eux.

Il ne s'agit pas de rêver d'un âge d'or qui n'a jamais existé, mais de prendre conscience de la déliquescence qui s'est subrepticement infiltrée dans les fissures d'une société fragile. Cette décrépitude s'est installée à bas bruit, comme un lent déclin, une longue descente, une déchéance progressive, pas à pas, invisible dans le présent. Il faut, pour la remarquer, se retourner un instant et compter le nombre de marches déjà descendues vers le laisser-aller le long de la pente de la facilité. Cette descente est insidieuse car elle trompe notre vigilance. On ne voit pas la dégradation s'opérer, comme les personnes âgées ne voient pas que leur maison a vieilli et aurait besoin d'être rénovée.

Ainsi, nous acceptons chaque jour, par d'imperceptibles renoncements, un nouveau glissement que nous préférons ne pas remarquer. Toute déchéance finit donc dans la normalité acceptable. La violence dans la rue ou à la télévision, la provocation médiatique et publicitaire, les agressions sexuelles, les beuveries des jeunes en mal de repères, les dégradations de toutes sortes de locaux scolaires ou des bâtiments publics, le vol et la petite délinquance : voilà la norme. Un sentiment d'insécurité permanente en résulte, ainsi qu'une société schizophrène qui, à force de se barricader et de se protéger, se referme sur elle-même. Les enfants ne peuvent plus sortir seuls et ont la phobie des agressions sexuelles. L'autre est devenu un danger potentiel dont il faut se méfier. Les fouilles qu'il faut subir avant de prendre l'avion sont devenues dégradantes et pourtant, on s'y soumet, sans chaussures, sans ceinture et sans veste : empreintes digitales, photos de l'iris, scanner des bagages, etc. Le monde dans lequel nous vivons ressemble de plus en plus à l'enfer, mais nous ne voulons pas le voir !

L'absence d'interdits est devenue le *leitmotiv* d'une pensée qui confond liberté et laxisme. La dévalorisation de la morale a conduit à la banalisation de tous les actes indignes. Chacun revendique ses droits et nombre d'associations s'érigent en défenseurs des droits individuels, mais il n'y a jamais personne pour rappeler les devoirs.

On nous parle des droits de l'homme avec beaucoup de lyrisme, mais jamais des devoirs de l'homme. L'exigence est à sens unique. Les graffitis et autres hiéroglyphes qui fleurissent sur les murs comme autant de dépravations ne veulent rien dire et ne sont porteurs d'aucun message. Dans les plus belles villes d'Europe, on voit des tags hideux sur les murs des palais comme autant d'horribles cicatrices. Ceux qui font cela se déshonorent et s'automutilent. Ils sont le reflet d'une société autiste, incapable de dialogue, mais où chacun est seulement préoccupé d'exhiber son ego comme sur *Facebook*, lieu de rencontre aux multiples monologues nombrilistes, sans parler des innombrables *blogs* où chacun tente désespérément de faire semblant d'exister en rivalisant d'impudeur et en livrant une intimité et des informations auxquelles même un régime totalitaire n'aurait jamais rêvé.

Selon l'idéologie occidentale, tout devrait être autorisé ; on ne supporte aucun garde-fou, aucune limite à nos extravagances. Nous qualifions de « *censure intolérable* » tout rappel à la retenue ou à la dignité. Ainsi, les médias occidentaux se sont indignés contre les autorités chinoises qui luttent contre « *la vulgarité et la pollution morale* » et qui veulent réguler Google parce qu'il diffuse « *des contenus pornographiques* ». Mais *vulgarité* ou *pollution morale*, voilà des mots dont nous avons perdu la signification.

Les mots chargés de valeur sont eux-mêmes peu à peu vidés de leur sens et devenus désuets, voire même provocateurs, comme si la société occidentale contemporaine avait honte d'elle-même et ne supportait pas de contempler sa faiblesse et sa lâcheté. Des mots comme « bon », « bien », « beau » sont chargés de poussière et sentent la vieille brocante. Évoquer la « dignité » ou le « sacré » offusque les chastes oreilles des bien-pensants. Il est vrai que l'homme a cette extraordinaire capacité d'auto-anesthésie, à ne plus entendre le bruit, à ne plus goûter la mauvaise cuisine, à ne plus sentir la douleur et à ne plus savoir finalement s'il est heureux ou pas. La prise de conscience est certes douloureuse et on peut comprendre ceux qui la refusent. Peut-être faut-il se résigner, comme Ondine : « *Que je sois malheureuse ne prouve pas que je ne sois pas heureuse.*[40] »

---

[40] Jean Giraudoux, *Ondine*, acte III, scène V, 1939.

Le peuple invisible

Rien n'illustre mieux cette perte des valeurs que l'hystérie collective et la violence, sans cesse grandissantes, que l'on observe lors de certaines rencontres sportives. Le football est à cet égard révélateur d'une recherche éperdue d'identité. Il nous faut chercher à comprendre comment les supporters peuvent en venir à une violence extrême pour un simple ballon entre deux poteaux de bois. Ce n'est sans doute qu'un prétexte pour exhaler une violence qu'ils ont enfermée en eux et qui, soudain, se transforme en haine de l'autre. De quelles frustrations, de quels manques d'identité et de quelle absence de sens leur vie est-elle constituée ? Il faut imaginer un immense vide existentiel et une vie plongée au plus profond de l'absurde, c'est-à-dire du désespoir, pour qu'elle débouche sur une violence aussi stupide. En fait, le football n'est sans doute qu'un prétexte pour exprimer un mal-être d'une autre nature : la violence comme substitut à la déprime. « *Conscience et révolte, ces refus sont le contraire du renoncement* », écrivait Albert Camus.

La violence est insidieuse et s'infiltre partout, puis ressurgit là où on ne l'attendait pas, comme une eau souterraine. Un cinéaste canadien a effectué une longue enquête sur les tribus Algonquins du Québec, dans la région de l'Abitibi[41]. Dans les années 1950, ces Indiens ont été parqués dans des réserves, souvent situées en dehors de leurs territoires traditionnels, et « éduqués » par la congrégation des Oblats. On leur imposait l'école obligatoire en français, avec interdiction de parler leur langue, la mise en pension des enfants coupés de leur

---

[41] Richard Desjardin, *Le peuple invisible*, Office National du film, Canada, 2007.

famille pendant dix mois par an, pour subir ce qu'ils nomment aujourd'hui une « *déprogrammation psychique* ». Outre cela, leur territoire traditionnel de chasse leur fut confisqué et ils furent mis en dépendance par des allocations mensuelles pour chaque famille, sans contrepartie. Les Algonquins sont devenus, comme ils disent, des fantômes, un peuple ignoré, un peuple invisible. On pourrait croire qu'ils peuvent aujourd'hui vivre en paix, renouer avec leurs traditions ancestrales et profiter de la manne du gouvernement fédéral. Hélas, c'est à l'inverse auquel on assiste : absence de travail, absence de perspectives, absence de motivations, perte du goût de vivre. Les Algonquins ont perdu quelque chose d'essentiel, une dignité, une flamme, une pulsion de vie.

Après quelques révoltes avortées il y a quelques années, c'est contre eux-mêmes qu'ils retournent la violence subie par leurs parents. Ils vivent dans la saleté, dans le croupissement, dans le délabrement sanitaire, dans l'oisiveté, dans la déchéance volontaire, dans l'autodestruction. Les enfants sont livrés à eux-mêmes et vont à l'école pour y traîner leur ennui, incapables de se concentrer et de s'intéresser à quoi que ce soit, allergiques à toute discipline et à la moindre contrainte. Cette détresse et cette déprime collective sont attestées par cette effroyable statistique qui sonne comme un appel au secours : 50 % des enfants ont fait une tentative de suicide !

Mais ce qui m'a le plus frappé dans ce reportage remarquablement bien fait, c'est la similitude avec ce que l'on peut voir chez nous, en Europe, dans de nombreux collèges et pas seulement dans les banlieues des grandes villes. Une indiscipline chronique, une agressivité permanente, un manque du désir d'apprendre, des regards hébétés, une acculturation totale, une absence de perspective en dehors du chômage, de l'exclusion, de l'ostracisme et du désespoir. C'est cela, la violence que l'on retourne contre soi-même, l'autosabotage. Peu à peu, une partie de plus en plus grande de notre jeunesse tombe dans ce piège du nihilisme, dans cette sorte d'anarchisme suicidaire qui refuse toute contrainte et tout effort. Demain, ils rejoindront les rangs du peuple invisible. Mais en face, il n'y a personne pour leur inculquer le goût de l'effort, pour leur faire goûter les saveurs de la curiosité et de la découverte, pour leur faire découvrir les merveilles de la vie. En face, ils ont des parents démissionnaires et un système éducatif planifié et laxiste qui distille l'ennui à longueur de journées.

Par lâcheté, par incapacité d'imposer une discipline dès le plus jeune âge, par refus de mettre en place des interdits, par abandon des valeurs essentielles, les adultes d'aujourd'hui laissent cette jeunesse s'autodétruire, abandonnée à elle-même et nourrie des scènes de violence et de pornographie qu'elle regarde sur Internet. Nous sommes tous des Algonquins, et je suis frappé par la ressemblance entre le documentaire canadien et le film français *Entre les murs*, qui n'est pas qu'une fiction et où la violence est présente à chaque instant. Ce film n'a jamais été désavoué par le corps enseignant qui s'est reconnu[42].

Est-ce la perte de nos valeurs traditionnelles, la perte de nos territoires sacrés, la perte des liens qui nous rattachaient au réseau de la vie ? Il y a comme une flamme sacrée qui n'est plus transmise de main en main, de génération en génération. Ce feu sacré qui s'éteint, c'est la pulsion de vie, symptôme majeur du déclin des civilisations. La jeunesse n'a plus les mots pour exprimer son désarroi ; elle n'a plus que la violence. Où peut-on

---

[42] Laurent Cantet, *Entre les murs*, 2008, Palme d'or à Cannes.

trouver plus grand constat d'un échec éducatif total ? Comme toute réponse, une gestion administrative propose à ces jeunes désorientés des primes, des subsides, des plans de sauvetage, des assistances économiques et même des incitations financières pour qu'ils viennent au Lycée. N'est-ce pas cela la définition de la barbarie : tout résumer à la force et à l'argent ?

Mais ce que la jeunesse veut dire derrière cette révolte est peut-être d'une autre nature. Elle bute sur l'absurde, ou tout du moins sur l'absurdité à laquelle conduit un monde matérialiste. Ainsi, ceux qui se sentent exclus de la réussite matérielle se retrouvent sans perspective puisque, dans notre société contemporaine, hors cela, c'est le néant. Ce qui nous ramène au mythe de Sisyphe dont il faudra bien sortir, et Camus nous donne lui-même quelques pistes : « *Tout ce qui fait travailler et s'agiter l'homme utilise l'espoir.*[43] »

Une civilisation qui radote

Notre siècle nous pèse car nous avons perverti tout ce que nous avons touché : nous avons pollué la Terre, saccagé la planète, perverti le sacré et détourné de leur sens profond toutes les idéologies, toutes les pensées et toutes les activités humaines. Même le sport a été perverti, au point qu'il est devenu un lieu d'asservissement individuel et non pas d'épanouissement.

Le sport de compétition n'inspire plus une saine émulation patriotique, mais un chauvinisme haineux et revanchard. La science elle-même est devenue une divinité orgueilleuse et dominatrice, une sorte d'idole démoniaque et totalitaire aux

---

[43] Albert Camus, *Le mythe de Sisyphe*, 1942.

prétentions exorbitantes, puisqu'elle se veut l'alpha et l'oméga de nos pensées et de nos actes. Cet orgueil dogmatique ressemble à s'y méprendre à celui de toutes les religions révélées. Le scientifique est ce « *héros cynique* » dont parle Michel Foucault, ce demi-dieu prométhéen, désespéré de n'être pas Dieu, si bien décrit par Dostoïevski et qui, parvenu à son paroxysme, déclenche une orgie contagieuse de destruction, comme le cauchemar qui hante Raskolnikov : « *Il lui semblait voir le monde entier désolé par un fléau terrible et sans précédent qui, venu du fond de l'Asie, s'était abattu sur l'Europe. Tous devaient périr, saufs quelques rares élus... Les individus qui étaient infectés devenaient à l'instant même déséquilibrés et fous. Toutefois, chose étrange, jamais les hommes ne s'étaient crus aussi sages, aussi sûrs de posséder la vérité. Jamais ils n'avaient eu pareille confiance en l'infaillibilité de leurs jugements, de leurs théories scientifiques, de leurs principes moraux... Tous étaient en proie à l'angoisse et hors d'état de se comprendre les uns les autres. Chacun cependant croyait être seul à posséder la vérité et se désolait en considérant ses semblables... Ils ne pouvaient s'entendre sur les sanctions à prendre, sur le bien et le mal et ne savaient qui condamner ou absoudre. Ils s'entre-tuaient dans une sorte de fureur absurde.*[44] »

Face à ce grand désabusement, il reste à nos sociétés à se réfugier dans le passé, à se recroqueviller sur ce qu'elles croient être leur « *devoir de mémoire* », mais qui ne sont en fait que des alibis pour ne pas agir aujourd'hui et laisser faire. On se frappe la poitrine en éternels *mea culpa* ou bien on se décerne des lauriers pour un passé glorieux. On célèbre avec le même enthousiasme nos victoires comme nos défaites. On refait l'histoire et on se

---

[44] Fedeor Dostoïevski, *Crime et châtiment*, 1866.

permet de juger du passé avec des idées d'aujourd'hui. On élève des panthéons, on inaugure des musées et on se promène dans le passé comme si c'était le présent et que le temps s'était arrêté. Notre civilisation commémore le passé, célèbre les anniversaires et se complaît dans l'évocation de ces gloires d'hier, artistiques, économiques, culturelles ou guerrières. Elle est comme ces vieillards qui n'ont plus de projets, sauf la survie, et qui, sans cesse, ressassent avec des mots un passé qu'ils magnifient. Notre civilisation radote et ne parvient pas à comprendre qu'elle est dans une impasse et qu'il conviendrait de prendre un autre chemin, avec d'autres critères de valeur. Nous avons tellement peur de l'avenir et le présent nous déprime tant que nous arpentons le monde à la recherche de civilisations traditionnelles et que les foules errent dans les musées et honorent ce qui n'est plus.

Ce manque de foi dans l'avenir et cette incapacité à imaginer un futur radieux se traduit naturellement dans nos mœurs. La dénatalité à laquelle nous assistons en Occident est le symptôme majeur d'un peuple qui ne croit plus en lui-même. L'homosexualité, stérile par définition, ou la banalisation de l'avortement ne sont que le reflet d'une société qui a peur de la vie. Est-ce un hasard si, dans le même temps, les pays occidentaux développés ont le taux le plus élevé de suicides ?

Mais le comble de l'ironie n'est-il pas dans l'augmentation considérable du nombre de couples stériles. Aujourd'hui, sous l'effet de la pollution chimique, un couple sur six est stérile et le sperme d'un jeune de 20 ans est aussi dégradé que celui d'un homme de 60 ! Rien n'arrive par hasard et tout est symptôme. Nos enfants sont de plus en plus souvent, comme le reste, *made in China* ou *made in Vietnam*. L'enfant devient un objet marchand. Dans le film mi-documentaire *Baba's song*, on voit Baba, garçon de 11 ans, s'enfuir de l'orphelinat lorsqu'on tente de le vendre à deux lesbiennes allemandes en mal de maternité, autre symptôme d'une époque stérile[45].

Le *baby-business* est un commerce mondial florissant. Des femmes vendent leurs ovocytes ; d'autres louent leur utérus pendant neuf mois. Cela se négocie pour 70 000 dollars en Californie, mais pour seulement 5 000 dollars en Inde ; le prix est indexé sur le coût de la vie ! On peut passer commande à quelques officines californiennes en précisant le sexe choisi et même la couleur des yeux.

Nous sommes à l'aube d'une « *barbarie soft* » qui permet « *la confection d'un enfant, livrable à ses commanditaires pour un prix forfaitaire, pièces et main-d'œuvre comprises* », comme le stigmatise Sylviane Agacinski[46].

On aurait pu croire qu'avec un féminisme triomphant, la femme soit magnifiée. C'est le contraire auquel on assiste. La femme est, elle aussi et plus que jamais, un objet à consommer. C'est d'ailleurs ainsi qu'elle nous est présentée par la publicité qui ne s'y trompe pas et qui est le miroir de notre société. Regardez les publicités pour les sous-vêtements, les maillots de bain ou les parfums. Sous prétexte d'érotisme et de sensualité, c'est la femme pute qui nous est proposée. Les vitrines de modes pour les très jeunes filles renferment toute la panoplie d'une prostituée débutante. Sous le couvert de liberté et de refus des tabous, la femme s'est laissée enfermer dans une image avilissante, comme si toute liberté nouvelle devait nécessairement être pervertie.

---

[45] Wolfgang Panzer, *Baba's Song*, 2009.
[46] Sylviane Agacinski, *Corps en miettes*, Flammarion, 2009.

Il faut imaginer l'avenir

C'est cela la notion de globalité, quand tout est à la fois cause et conséquence. Tout est symptôme dans cette crise globale. Il n'y a pas un seul aspect de ce que l'on pense, de ce que l'on dit et de ce que l'on fait, qui ne soit pas marqué par une sorte de décrépitude, de dégénérescence : une vraie maladie de civilisation.

« *Rien ne dure du conquérant, pas même ses doctrines* », proclamait Albert Camus. Que va-t-il rester de la civilisation occidentale quand le processus actuel de décomposition sera arrivé à son terme ? Nos doctrines et nos certitudes, celles de la science, des religions ou de nos maîtres à penser seront sans doute ébranlées, peut-être même jetées à terre, en miettes.

Le monde est tragique, mais il faut imaginer l'avenir. La prise de conscience est douloureuse et tragique car elle peut faire croire que la vie est absurde, comme celle de Sisyphe qui pousse inlassablement son rocher vers le sommet de la montagne, mais qui, sans cesse, roule à nouveau vers le bas. Camus précise : « *Si ce mythe est tragique, c'est que son héros est conscient... L'ouvrier d'aujourd'hui travaille, tous les jours de sa vie, aux mêmes tâches et son destin n'est pas moins absurde. Mais il n'est tragique qu'aux rares moments où il devient conscient.*[47] »

La conscience serait-elle donc insupportable à l'homme ? Comment échapper à ce piège tragique ? Comment « *imaginer Sisyphe heureux* », comme le fait Camus à la dernière phrase de son fameux essai philosophique ?

Faut-il se tourner vers l'étude de notre génome pour comprendre ce qui nous rend humains ? Nous partageons presque

---

[47] Albert Camus, *Le mythe de Sisyphe*, 1942.

99 % de notre patrimoine génétique avec le chimpanzé. 1 % de différence qui change tout. 1 % pour effectuer le grand basculement : triplement du volume du cerveau, modification du poignet et du pouce qui vont nous conférer notre dextérité manuelle, développement et complexification du cortex[48].

Les chercheurs auraient aimé y trouver la source de la conscience, cette extraordinaire capacité d'éveil et de compréhension du monde. Mais il ne semble pas qu'il y ait un fondement neurologique de la conscience. La conscience n'est pas quelque chose qui arrive à l'intérieur de nous, mais quelque chose que nous atteignons, que nous accomplissons. La conscience nécessite l'action simultanée du cerveau, du corps et du monde. « *Vous n'êtes pas votre cerveau. Le cerveau est plutôt une partie de vous* », affirme Alva Noë, chercheur cognitiviste à Berkeley[49] ; bel exemple de ce qu'est la globalité. La conscience serait un accomplissement, un achèvement, une collaboration active de toutes nos composantes, un projet. La spiritualité procéderait-elle de la même détermination ? Non pas quelque chose qui nous est donné, mais que nous avons à acquérir pour nous humaniser. Aller vers plus d'humanité procéderait d'un choix délibéré. Tel serait notre espace de liberté.

Il y a vingt-cinq siècles, l'essentiel de l'enseignement de Confucius consistait déjà à prôner plus d'humanité, cette vertu suprême et exigeante vers laquelle il proposait à ses disciples de tendre : « *Il est bon d'habiter là où règne l'humanité. Qui choisit de séjourner là où elle fait défaut manque de sagesse.*[50] »

---

[48] Katherine Pollard» What makes us human ? », *Scientific American,* May 2009, p. 32-37.
[49] Alva Noë, *Out of our head,* Hill and Wang, 2009.
[50] Confucius, *Entretiens,* chapitre IV, § 1, Ve siècle avant J.-C.

Pour sortir de ce destin tragique qui a tant hanté Camus, il faudrait donc aller au-delà de la conscience, ne pas se contenter de la puissance enivrante de nos raisonnements logiques, mais aussi se laisser imprégner par ce que nous nommons l'irrationnel et le subjectif. Il y aurait un monde à découvrir au-delà du visible, du mesurable, du quantifiable.

Notre monde moderne s'est plu à opposer ce qu'il appelle « la réalité vraie », c'est-à-dire la matière palpable, solide et un monde irréel, imaginaire, fantasmagorique. Mais la réalité pourrait être double : tout d'abord, une réalité observable de l'extérieur, objet d'études et d'expérimentation, mais aussi une réalité qui se vit à l'intérieur dont on fait l'expérience intime.

La fusion de ces deux réalités – matière et esprit – permettrait d'atteindre le plus haut degré d'humanité. Une vie basée sur la seule réalité matérielle stimule l'ego, la compétition, le désir de puissance et conduit à la violence. C'est le monde de nos sociétés matérialistes, égotiques, individualistes et violentes. L'intégration de l'esprit qui féconde la matière élève l'homme au-dessus de son champ clos et introduit une dimension nouvelle et une perspective au potentiel créateur. L'association de la conscience et de la transcendance nous plonge dans une réalité infiniment plus complexe, plus riche et nous permettrait d'échapper à un destin tragique et à une vie absurde.

Mais tout est à faire. Le terrain est en friche, c'est à nous de le mettre en valeur. Notre vraie liberté d'hommes se situerait au confluent de la conscience et de la transcendance, dans le choix qui nous appartient de les construire, de les façonner, de les fortifier. Nous pourrions ainsi prendre de la distance avec les illusions d'un ego, surdimensionné et toujours insatisfait, pour expérimenter notre moi profond, source inépuisable d'enrichissement. Ce serait cela devenir plus humain, un projet sans cesse en chantier.

6

On ne ment pas en jurant sur la queue d'une vache !

Il y a certaines personnes que le mot « sacré » hérisse. Qu'est-ce donc que le sacré et en quoi est-il important pour l'homme ? Le sacré nous approche du spirituel, ce monde imprécis dans lequel baigne l'humanité depuis son origine. C'est un système de valeurs, partagé par une communauté, fait de tabous, de croyances et de rites souvent violents, supposé répondre aux grandes interrogations de l'humanité : que suis-je venu faire sur cette Terre ? Quelles forces gouvernent ma destinée ? Bref, ma vie a-t-elle un sens et s'inscrit-elle dans un dessein qui me dépasse ?

Aujourd'hui, le sacré peut emprunter des chemins plus personnels. Chacun peut individuellement se construire son espace sacré, son propre système de valeurs. En toutes circonstances le sacré implique une transcendance, c'est-à-dire une force qui dépasse notre dimension matérielle ; quelque chose d'autre qu'un amas de molécules qui s'entrechoquent au gré du hasard et de la nécessité.

Est sacré tout ce qui appartient à un domaine inviolable, tout ce qui est frappé d'interdits. Un lieu sacré ne peut être franchi par un profane ; un acte sacré ne peut être accompli par n'importe qui ; une parole sacrée ne peut être prononcée impunément. Le profanateur est celui qui transgresse ces lois. Même dans les sociétés les plus laïques, comme la nôtre, nous avons tous encore notre domaine sacré, même pour le plus agnostique d'entre nous. L'amour que je porte à mes enfants ou à ma femme est un domaine sacré. Je refuse à quiconque de s'y immiscer, d'y porter un jugement ou de l'analyser sans mon consentement. La famille est peut-être le dernier espace sacré et nous sentons intuitivement qu'il constitue sans doute le dernier rempart contre la désagrégation de la société.

Avons-nous besoin de sacré ?

Le sacré serait donc un rempart édifié par toutes les civilisations, à toutes les époques et dans tous les points du globe.

Nous serions la première civilisation dans l'histoire de l'humanité qui croit pouvoir se passer du sacré, de ses tabous et de ses rites, jugés stupides et ne reposant sur aucune « réalité matérielle ». En effet, la pensée scientifique qui, désormais, nous imprègne au plus profond de notre psyché, repose sur ce postulat que toute réalité est observable et quantifiable. Le sacré, n'entrant pas dans ce champ, est donc relégué, avec les vieilles croyances populaires, dans le domaine des chimères, des illusions, de la magie, voire de la névrose.

Ainsi, la désacralisation du monde occidental constitue sans doute l'une des caractéristiques essentielles que certains esprits matérialistes considèrent comme une étape primordiale sur la route vers le progrès, tandis que d'autres y voient une atteinte aux fondements mêmes de notre société. Les uns y trouvent la force de la clairvoyance face à l'obscurantisme ; les autres y décèlent la source d'une extrême fragilité.

Avons-nous besoin du sacré ? Le sacré n'est-il qu'une illusion nécessaire ou bien est-il une réalité inscrite comme inhérente à notre univers ? En d'autres termes, le sacré est-il constitutif de la nature humaine ?

Il nous revient la difficile tâche de tenter d'apporter une réponse, sans *a priori* ni prétention, à ces questions fondamentales qui traînent au fond de chacun de nous, comme une lancinante et vaine interrogation. Le sacré concernerait tout ce qui peut être souillé symboliquement, donc tout ce qui n'est pas dans la « réalité vraie », pour reprendre la terminologie des physiciens. Cette souillure symbolique est un blasphème intolérable, un sacrilège impardonnable. C'est pourquoi dans toutes les civilisations, les impies sont châtiés et les atteintes au sacré sont sources de violence. Si l'ennemi tue mon frère, il commet un crime réel, dans la « réalité vraie », mais il ne commet pas un sacrilège. Par contre si ce même ennemi crache sur les tombes de mes aïeux ou invective mes dieux, il souille mon territoire sacré. La Croix, symbole chrétien fondamental, comme peut l'être la représentation de Mahomet pour les Musulmans, ne peut être souillée sans soulever l'indignation ou la révolte. Même pour ceux qui ne sont pas des pratiquants zélés, c'est une insulte impardonnable qui peut aller jusqu'à la guerre.

La symbolique est plus forte que la réalité vraie. Voilà ce qui perturbe nos esprits rationnels : comment quelque chose de virtuel, d'impalpable, de dérisoire parfois peut-il avoir plus de force qu'une armée ? Pour tout Américain, le drapeau est un symbole sacré et, de son point de vue, rien n'est plus injurieux et plus impardonnable que de voir des images à la télévision, retransmises de Téhéran ou d'ailleurs, sur lesquelles on voit la foule brûler le drapeau américain. On peut même avancer l'idée que la haine de l'Irak et de l'Iran qui a submergée l'Amérique provient principalement de telles images. Souiller un symbole sacré est un *casus belli* depuis l'origine de l'humanité. Les paroles, qui ne sont que des mots, c'est-à-dire des symboles, ont souvent plus de force de destruction que les actes. Les paroles, qui ne sont que du vent, sont plus implacables que les actes pour souiller le sacré. Les mots dépassent notre pensée ; les symboles dépassent la réalité et s'élèvent au-dessus de nous. C'est en ce sens qu'ils peuvent être soit sacrilèges, soit sacrés. « *Un symbole dépasse toujours celui qui en use et lui fait dire en réalité plus qu'il n'a conscience d'exprimer* », remarque Camus[51].

Le sacré donc n'est pas mort, n'en déplaise aux rationalistes. La violence qui découle du blasphème n'est donc pas morte, n'en déplaise à ceux qui pensent que c'est la fin de l'histoire. Écoutons Électre : « *Quand le crime porte atteinte à la dignité humaine, infeste un peuple, pourrit sa loyauté, il n'est pas de pardon.*[52] » C'est cela le blasphème impardonnable ; une atteinte à la dignité humaine qui vaut bien une guerre. Qu'y a-t-il de plus impalpable que la dignité humaine ? C'est une somme d'idées, de croyances et de rites dans laquelle nous enfermons notre sacré, c'est-à-dire nos valeurs les plus intimes et les plus essentielles, mais aussi les plus subjectives.

---

[51] Albert Camus, *L'espoir et l'absurde dans l'œuvre de Franz Kafka,* 1943.
[52] Jean Giraudoux, *Électre,* acte II, scène VIII, 1937.

Le sacré est aussi universel que les guerres et il les a justifiées toutes. Toutes les civilisations se sont bâties autour de la défense du sacré. La désacralisation de notre société est récente ; elle va de pair, d'une part, avec l'émergence de l'ambition individuelle et, d'autre part, avec la vulgarisation de la pensée rationnelle et scientifique : « *Je sais comment on s'élève dans le monde : en foulant à chaque marche quelque chose de sacré* », s'offusque le maître de Santiago[53]. Le sacré est encombrant pour l'individualiste qui recherche l'efficacité. Le sacré est marqué par des rites collectifs, tandis que la désacralisation accompagne l'émergence de l'égoïsme individuel.

Nous en arrivons à ce point où il apparaît que nos « *espaces sacrés* » sont constitués d'une série de croyances, d'interdits et de dogmes qui sont à la fois notre ossature et notre carcan. L'homme est sans cesse confronté à des dilemmes qui paraissent inconciliables, mais qu'il doit concilier. Ainsi sommes-nous coincés entre ce besoin de sacré qui semble constituer l'ossature des civilisations humaines et ce besoin d'échapper à ce qui peut apparaître comme une prison culturelle et un obstacle au développement de l'intelligence.

Il me revient cette très belle évidence de Viramma, paria du sud de l'Inde, qui décrit avec conviction son territoire sacré : « *Tout le monde sait bien qu'on ne ment pas en jurant sur la queue d'une vache, sinon on peut devenir aveugle, ou même mourir. C'est pour cela aussi que je garde les vaches pieusement.*[54] » Cette phrase nous paraît dérisoire ; le sacré des autres est toujours dérisoire. Viramma baigne dans le sacré et elle raconte sa

---

[53] Henri de Montherlant, *Le Maître de Santiago*, acte III, scène I, 1947.
[54] J. et L. Racine, *Viramma, une vie de paria*, Éd. Terre humaine, Plon, 1995, p. 300

vie dans une très longue et splendide interview dans laquelle on mesure la puissance du sacré.

C'est à l'aide de cet irrationnel que les individus des sociétés traditionnelles ont toujours cherché à donner sens à leur condition de mortels. La société occidentale, dans son entreprise de démystification, n'a pas compris la portée de ces croyances et de ces tabous. Or, nous avons voulu renverser les tabous. Sans doute ne peuvent-ils être que déplacés.

Désacralisation et déshumanisation

Le sacré est un lien vers le spirituel ; c'est en quelque sorte comme une force qui nous aide à nous tenir debout ; une énergie de vie. Quand le sacré se disloque, c'est aussi toute la communauté qui risque de sombrer dans la déprime, comme si une raison de vivre venait à manquer.

Le réalisateur Frédéric Tonolli a suivi pendant plus de dix ans, aux confins de la Russie, le long du détroit de Béring, la communauté des Tchouktches qui vit depuis des lustres sur cette terre glacée[55]. Au long de ces dix années, il a assisté à la descente aux enfers de ce peuple qui, sous l'effet du modernisme et de la « russification », a perdu son âme, c'est-à-dire son lien avec ses pratiques et ses rites ancestraux. Les jeunes ont perdu progressivement les coutumes sacrées qui tournaient autour de la chasse à la baleine au harpon et de son dépeçage sur la plage. Désormais, un policier remplace le chaman, les chasseurs sont devenus fonctionnaires et sombrent dans l'alcoolisme et la déchéance. L'alcool a remplacé le sacré et le seul échappatoire est devenu

---

[55] Frédéric Tonolli, *La mort d'un peuple*, film documentaire Thalassa, 2009.

le suicide. Les Tchouktches ne rêvent plus et ont perdu leur fierté ; ils sont las de vivre. Quelques touristes américains en mal d'exotisme viennent errer sur leurs terres pour contempler leur descente aux enfers et assister à quelques pseudo-danses folkloriques tarifées. Le ressort est cassé. Les Tchouktches vont disparaître.

Le voyageur-ethnologue polonais Maruisz Wilk, après avoir longtemps séjourné chez les Saamis de la presqu'île de Kola, fait la même constatation d'un matérialisme moderne sans âme et destructeur de civilisation : « *On a non seulement porté atteinte au mode de vie des Saamis, mais leur monde spirituel a aussi été détruit... En échange, ils ont reçu les rebuts de la civilisation et de la pacotille sociale : des appartements dans d'énormes blocs, des scooters des neiges hurlants, une école qui a détruit leur langue, un hôpital qui ne soigne personne et des magasins avec de la vodka ouverts nuit et jour... Il ne leur restait que l'alcool et le nœud coulant...* »

Comme le dit un proverbe inuit, « *les cadeaux créent des esclaves, tout comme le fouet des chiens*[56] ».

Beaucoup d'autres peuples anciens ont disparu dans les mêmes conditions, en particulier de nombreuses communautés indiennes d'Amérique du Nord et du Sud. Au fin fond de la forêt amazonienne, les Indiens Suruaha se suicident depuis qu'ils ont perdu leur chaman, et ils se droguent en utilisant les plantes hallucinogènes réservées habituellement aux chamans[57].

---

[56] Mariusz Wilk, *Dans les pas du renne*, Éd. Noir sur Blanc, 2009, p. 56.
[57] Roland Garve, Axel Grothe, *Cunaha, la mort en Amazonie*, film documentaire Géo, 2001.

Perdre le caractère sacré de sa culture revient à perdre sa raison de vivre, sa fierté. Comment ne pas faire l'analogie avec le suicide des jeunes, parmi les principales causes de mortalité juvénile dans les pays développés, sans compter la consommation exponentielle d'alcool et de drogue dès le plus jeune âge ? Les pays les plus riches, comme la Suisse, sont aussi les plus atteints ! Quel ressort manque-t-il à notre jeunesse ? Sans sa dimension sacrée l'homme est-il incomplet, incapable de s'assumer ?

Faut-il faire sienne l'affirmation de Mircea Eliade : « *Pour l'homme areligieux, toutes les expériences vitales, aussi bien la sexualité que l'alimentation, le travail que le jeu, ont été désacralisées. Autrement dit, tous les actes physiologiques sont dépourvus de signification spirituelle, et donc de la dimension véritablement humaine.* » Il poursuit plus loin : « *L'homme moderne areligieux assume une existence tragique et son choix existentiel n'est pas dépourvu de grandeur.*[58] » Ainsi, une nouvelle fois, comme Sisyphe, nous butons sur la vision d'un monde absurde et tragique. Sans âme, notre civilisation est-elle appelée à disparaître ?

Est-ce ce besoin vital qui génère le « *grand bazar ésotérico-religieux* » qui fleurit dans des romans à succès, comme *Da Vinci Code* ou *The lost Symbol,* de Dan Brown ? Dans *Le cinquième Évangile,* Michel Faber décrit comment on fabrique un roman pseudo-spirituel pour satisfaire un vague besoin de sacré qui stagne au fond de chacun d'entre nous : « *Maudits soient ces exercices vénaux d'érudition imaginaire, ces foutaises fumeuses et cette théologie à la Mickey Mouse !*[59] »

---

[58] Mircea Eliade, *Le Sacré et le Profane*, Gallimard, 1987.
[59] Michel Faber, *Le cinquième Évangile,* Éd. de l'Olivier, 2009.

Notre époque ne manque cependant pas d'idoles à adorer et l'hystérie collective ne concerne pas que les religions traditionnelles.

En juin 2009, le XXIe siècle a accouché de sa première icône universelle quand Michael Jackson, le roi de la pop, a été emporté par une consommation médicamenteuse abusive. Cet être irréel était à la limite du virtuel, créature hybride, mi-homme, mi-femme, mi-noir, mi-blanc, mi-adulte, mi-enfant, mi-ange, mi-démon. Vous savez que j'apprécie les symboles parce qu'ils s'expriment au-delà des mots et surtout au-delà de nos discours rationnels. Le symbole, ici, c'est la folie planétaire que son décès a soulevée, au milieu d'une crise économique sans précédent, cette hystérie mondialisée autour de cet être si fragile et si mal dans sa peau, reflet d'une époque en déshérence. Selon Frédéric Beigbeder, il fut même « *un peu Jésus à sa manière* ». En Amérique latine, on fleurit son icône à côté de celle de la Vierge Marie. L'essayiste Pascal Bruckner a conclu par cette phrase péremptoire : « *Michael Jackson est notre dernier martyr chrétien.* » Peut-être fut-il en effet martyr d'une époque, martyr d'un système, martyr du succès et de l'argent, désorienté comme un zombi dans lequel nous nous sommes un peu reconnus. Michael Jackson l'incompris, le bouc émissaire, la victime expiatoire, nous émeut car il nous représente sur l'autel des sacrifices. Annonce-t-il des temps nouveaux ?

Qui dira, après cela, que nous n'avons pas besoin de sacré ?

Contenir la violence

Mais il est vrai que le sacré, incluant le domaine religieux, est caractérisé le plus souvent par un excès du rituel et du dogmatisme, de telle sorte que l'esprit s'efface au profit de la lettre. Le contenu prend plus d'importance que le contenant. L'apparence prime sur l'être. Le sacré devient un carcan insupportable qui tue l'intelligence. On ne pense plus par soi-même, l'institution pense à notre place !

La science et la raison ont voulu extirper le sacré, croyant nous donner un plus grand espace de liberté, mais dans le même temps, notre monde a été désenchanté. Le matérialisme a pris le pas sur le symbolisme, le pragmatisme a supplanté l'imaginaire et le magique. En ce sens, la désacralisation du monde accompagne la déshumanisation.

Le sacré n'accomplit plus sa mission millénaire qui consiste à contenir la violence, comme René Girard l'a si remarquablement décrit. Il nous démontre de façon magistrale que « *c'est la violence qui constitue le cœur véritable et l'âme secrète du sacré... Le religieux vise toujours à apaiser la violence, à l'empêcher de se déchaîner... La violence et le sacré sont inséparables* ». Il ajoute : « *La présence du religieux à l'origine de toutes les sociétés humaines est indubitable et fondamentale... quand le religieux se décompose, ce n'est pas seulement la sécurité physique qui est menacée, c'est l'ordre culturel lui-même ; l'armature de la société s'affaisse et se dissout ; l'érosion de toutes ses valeurs va se précipiter ; la culture entière risque de s'effondrer et elle s'effondre un jour ou l'autre comme un château de cartes.*[60] »

---

[60] René Girard, *La violence et le sacré*, Albin Michel, 1990.

Ainsi donc, le rôle du sacré fut de tout temps de *contenir* la violence dans les deux sens du terme, en la ritualisant sous la forme du bouc émissaire ou de la victime innocente. Dans ces conditions, que devient la violence dans les sociétés modernes qui extirpent le sacré ? Il faut une nouvelle fois remonter à Auschwitz et Hiroshima, qui sont contemporains, mais différents. Dans le premier cas, nous sommes manifestement dans le processus du bouc émissaire, mais déritualisé et désacralisé. La victime n'est pas un individu qu'il faut sacrifier, mais un peuple qui est désigné comme la victime expiatoire. La violence n'est plus contenue ; elle explose de façon cataclysmique. À Hiroshima, la violence est encore plus désacralisée puisque les victimes ne sont pas identifiées. La vengeance est aveugle, totale et anonyme. Les pilotes qui ont lâché la bombe n'ont jamais croisé le regard des victimes. La guerre elle-même devient déshumanisée.

Les affrontements modernes vont encore plus loin et deviennent virtuels. L'ennemi est invisible et anonyme, localisé sur un écran d'ordinateur. Les attaques « ciblées » en Irak, en Afghanistan ou à Gaza sont aussi abstraites et irréelles que les jeux vidéos. Du point de vue de l'attaquant, les victimes sont virtuelles ; ce ne sont pas des hommes et des femmes qui souffrent, ce ne sont que des cibles. Dans cette guerre technologique, l'attaquant est invisible et hors de toute atteinte ; il ne risque pas sa vie. Ce déséquilibre fondamental rend les conflits modernes totalement désacralisés et déshumanisés.
En 2010, un tiers des bombardiers américains fonctionnent sans pilote, tel le fameux drone *Predator* ou le dernier-né, dénommé *Reaper*, ce qui, en anglais, évoque la figure de La Mort avec la faux du moissonneur. Le *Reaper* est capable d'emporter

des bombes de 225 kg et se manipule à partir d'une sorte de console de jeux avec télécommande, depuis le centre de Creech Air Force Base, dans le désert, près de Las Vegas. Un système de vidéosurveillance à distance permet à un opérateur dans le silence du Nevada de déclencher en une seconde une attaque meurtrière dans une zone tribale du Pakistan. Mais les dégâts collatéraux sont considérables et ce genre de guerre à distance, sans combat, donne l'image désastreuse d'une armée américaine impuissante, trop lâche et trop poltronne pour risquer de verser son sang dans une bataille. Pour combattre, il faut être deux…! Le ressentiment généré par l'attaque des drones se répand comme des métastases dans la population et nourrit les rangs des talibans[61].

À terre, les robots militaires autonomes *Maars* ou *Packbot* font « *les boulots ennuyeux, sales et dangereux*[62] ». Ils sont sans états d'âme et dénués de sens moral. Jusqu'à présent, la démocratie craignait de faire la guerre pour des raisons électorales. Ce n'est pas populaire de voir les cercueils de jeunes soldats morts au combat. Désormais il n'y aura plus de combats, mais seulement des victimes. Le risque est devenu unilatéral.

Les pays développés peuvent conduire sans risque et sans vergogne des conflits technologiques dans les pays du tiers-monde, comme ils le font en Afghanistan. Ce déséquilibre dans la terreur permet désormais à la violence de n'avoir plus de retenue : une violence sans haine. « *La guerre par télé-meurtre qui vient sera la guerre la plus dénuée de haine qui ait jamais existé dans l'histoire… Cette absence de haine sera l'absence de haine la plus*

---

[61] Bobby Ghosh « The CIA's silent war in Pakistan », *Time*, June 1, 2009, p. 26-29.
[62] Hervé Morin, « Quel sens moral pour les robots militaires ? », *Le monde*, 14 mars 2009.

inhumaine qui ait jamais existée; absence de haine et absence de scrupule ne feront qu'un », prophétisait le philosophe allemand Gunther Anders[63]. L'horreur des tortures de Guantanamo demeurait humaine, avec sa haine et les cris de la souffrance, mais aussi peut-être avec la honte, le remord et le pardon.

Comment, dans ces conditions, réintroduire le sacré dans nos sociétés afin d'échapper à la violence mimétique qui se nourrit de la vengeance ?

Il fut établi un code de la guerre et on parle de crimes de guerre pour mieux montrer que la guerre s'inscrit bien dans un rituel, comme un meurtre sacrificiel : la violence est encadrée. Mais les lois des juristes ne sont pas des lois sacrées ; ce ne sont que des arrangements internationaux, faits de marchandages et de compromis. L'éthique n'est qu'un discours de philosophes et de moralistes. Il est déjà question de réécrire les lois de la guerre pour tenir compte des nouvelles technologies.

Mais quoi qu'on fasse, « *les robots sont dénués de sentiments de colère ou de revanche, mais aussi d'empathie ou de sympathie. Les systèmes sensoriels des robots ne leur permettront pas de distinguer innocents et combattants* », précise Noel Sharkey, professeur en robotique à l'université de Sheffield. L'utilisation de tels robots serait déjà en soi un crime de guerre. Mais des savants fous imaginent déjà que l'on va apprendre les lois de la guerre et l'éthique aux robots ; cela illustre en quelle estime ils tiennent l'éthique ! Dans une parodie pathétique, on voudrait « *programmer une conscience* » aux engins militaires[64] !

---

[63] Gunther Anders, *Hiroshima est partout*, Seuil, 2008, p. 202.
[64] Tom Simonite, « Plan to teach military robots the rules of war », *New Scientist*, 12 juin 2009.

Il est aussi une autre violence, tout aussi aveugle, qui se pratique quotidiennement avec notre consentement ; je veux parler de l'avortement. Il est difficile d'aborder ce sujet sans susciter les passions qui rendent le dialogue impossible. Le problème n'est pas tant de savoir si cela est bien ou mal. La question consiste à en connaître les conséquences. Nombreuses sont les femmes qui ont avorté et qui ont mis toute une vie à s'en remettre. Sans compter celles qui, en fin de compte, n'ont pas pu avoir d'enfant le jour où elles l'ont désiré. Elles tentent alors de transcender ce manque en prenant la défense des animaux. À juste titre, elles ne supportent plus que l'on tue les petits chats !

Les adversaires de l'avortement n'ont pas tort alors de faire remarquer que l'on fait plus aujourd'hui pour la défense des bébés phoques que pour la défense de nos propres enfants. Je ne serais d'ailleurs pas étonné d'apprendre que les plus ardents défenseurs des bébés phoques sont souvent des femmes qui ont avorté.

Nous en venons à cette évidence que l'avortement consiste à tuer un être vivant, ce qui est beaucoup moins anodin que certains tentent de nous faire croire. Je ne dis pas qu'il ne faudrait jamais le faire, mais je pense que la banalisation de l'avortement bute sur une évidence qui reste enfouie au fond de nos cœurs, à savoir qu'avorter consiste à tuer. Si nous sommes confrontés à ce choix, nous devons le faire en toute conscience. Il ne sert à rien de nous mentir à nous-mêmes ni de nous laisser endormir par ceux qui ont intérêt à brouiller nos repères, à commencer par la médecine qui a vu là un marché lucratif.

Est-il normal qu'à l'époque du stérilet, de la pilule contraceptive et du préservatif, l'avortement soit encore pratiqué de façon quasi industrielle ? Cette perte d'une valeur fondamentale est un symptôme – parmi d'autres – d'une société sans repères.

Nous voudrions apprendre l'éthique aux robots alors que nous avons perdu tout sens moral !

Il est des circonstances dans la vie où nous pouvons être amenés à tuer, ne serait-ce que pour nous défendre. Dans certains cas, l'avortement peut être une légitime défense, à condition que nous gardions les yeux ouverts et que nous soyons conscients de ce que nous faisons.

Même à la guerre, il n'est pas facile, en toute conscience, de tuer un individu de dos. Mais la guerre moderne aussi se déshumanise. Des avions sans pilote bombardent des zones habitées, sans combat, par traîtrise.

L'armée américaine vient de présenter à la presse des minichars tout-terrain télécommandés. Des engins de guerre sans combattants... et donc sans états d'âme. Peu importe si la cible est un enfant sans armes, c'est un ennemi repéré par des yeux électroniques. Cette guerre qui n'est pas à risques partagés est une guerre lâche. L'ennemi n'est plus un être humain qui vous regarde dans les yeux ; c'est une cible sur un écran. De même, on refuse à l'embryon que l'on tue le statut d'être humain en formation ; on veut y voir seulement un fœtus qu'une machine aspire et qui va partir à la poubelle. Ce monde est effrayant.

Les deux facettes du monde

Nous avons vu que le sacré a à voir avec le religieux ; depuis les sociétés primitives, le sacré est ritualisé, dogmatisé. Chaque religion, depuis les plus anciennes jusqu'aux plus modernes, réglemente son domaine sacré. Mais nous avons vu aussi comment les sociétés occidentales contemporaines se sont désacralisées sous l'impulsion de la pensée scientifique. Le sacré est le plus souvent vécu comme un carcan inutile, un obstacle à la liberté, une contrainte irrationnelle. Le religieux dogmatique ne fait pas bon ménage avec la pensée démocratique.

Je me suis souvent demandé si cette phrase d'Alexis de Tocqueville était prémonitoire : « *Je doute que l'homme puisse jamais supporter à la fois une complète indépendance religieuse et une entière liberté politique ; et je suis porté à croire que s'il n'a pas la foi, il faut qu'il serve, et, s'il est libre, qu'il croit.*[65] » Nous faudra-t-il renouer avec la dimension sacrée ?

Ce que je crois profondément cependant, c'est que si l'homme moderne ne supporte plus la notion traditionnelle de sacré, il a néanmoins un besoin fondamental de transcendance. Autrement dit, il nous faut placer l'esprit au-dessus de la matière. Le spirituel serait ainsi une dimension spécifiquement humaine, celle qui nous distingue le plus de nos cousins, les animaux. Le spirituel n'a rien à voir avec le religieux en ce sens qu'il est sans dogmes et sans tabous. Le religieux gère le sacré tandis que le spirituel exprime l'âme. Voilà lâché le mot que d'aucuns considèrent sans consistance et hors de toute réalité objective : l'âme. Laissons un moment la réalité objective à ses tourments et parlons de la réalité subjective.

Quels que soient nos *a priori* philosophiques ou religieux, nous pouvons tous admettre que la grande question que l'homme s'est toujours posée concerne le sens à donner à sa vie et à sa mort. Toutes les philosophies se sont attaquées à cette redoutable et angoissante question. Ainsi, au gré de l'histoire, nous avons oscillé d'une rive à l'autre, passant d'une vision

---

[65] Alexis de Tocqueville, *De la Démocratie en Amérique*, tome II, 1re partie, chap. V, 1835.

grandiose d'un homme, élu de Dieu, à un regard désabusé sur l'absurdité de la vie.

Épicure déjà, trois siècles avant Jésus-Christ, nous avait mis au parfum. La vie n'est qu'une parenthèse aimable et joyeuse ; vivons bien. « *Ainsi, celui de tous les maux qui nous donne le plus d'horreur, la mort, n'est rien pour nous, puisque, tant que nous existons nous-mêmes, la mort n'est pas, et quand la mort existe, nous ne sommes plus. Donc la mort n'existe ni pour les vivants ni pour les morts.*[66] »

Cette absurdité de la vie a aussi hanté Camus jusqu'au vertige, sans qu'il ne se résigne totalement : « *L'homme absurde ? Celui qui, sans le nier, ne fait rien pour l'éternel... Il y a aussi un bonheur métaphysique à soutenir l'absurdité du monde.*[67] »

Je peux ainsi me laisser tenter par la théorie de l'absurde, c'est-à-dire celle du hasard et de la nécessité. Je peux tenir tous les espoirs de l'humanité pour une illusion trompeuse. L'âme serait ainsi une vaine chimère pour donner à l'homme un brin de rêve et se croire plus qu'il n'est. La spiritualité serait une invention commode pour ceux qui ne veulent pas accepter l'idée que nous ne sommes que matière et n'ont pas le courage d'accepter le néant de notre futur. L'âme, quelle belle idée, mais quelle utopie ! Voilà ce que nous offre notre époque. Il nous faudrait accepter cette dernière phrase de Goetz, dans *Le Diable et le bon Dieu* : « *À présent, je sais ce que c'est que de mourir. Il n'y a rien, rien : nous n'avons que notre vie.*[68] »

Ce monde régi par le hasard et la nécessité nous est cependant intolérable et je peux aussi refuser de n'être qu'un amas de

---

[66] Épicure, *Lettre à Ménécée*, 306 avant J.-C.
[67] Albert Camus, *Le mythe de Sisyphe*, 1942.
[68] Jean-Paul Sartre, *Le Diable et le Bon Dieu*, acte III, 11ᵉ tabl, scène 2, 1951.

molécules qui se sont rencontrées fortuitement. Je peux refuser cette vision d'un homme machine et d'une femme objet telle que notre société contemporaine nous la propose. Je peux me dire que si le rationnel construit, par la pensée, un monde matériel, mû par une mécanique froide, c'est une vision personnelle du monde qui n'est pas exclusive d'une autre vision. J'aime introduire la poésie dans le monde qui m'entoure ; j'aime y voir la beauté ; j'aime y ressentir l'amour ; j'aime sentir vibrer mon âme. Telle est ma vision subjective du monde, mais tout aussi réelle que la vision objective du scientifique que je partage aussi. Ainsi, mon monde est plus riche car il a deux facettes que je pourrais appeler l'Esprit et la Matière.

L'Esprit est ma partie sacrée, dans son sens le plus élevé, celle que je partage avec le reste de l'humanité et avec les autres formes de vie. Le corps est bien à moi en propre, mais l'esprit est universel ; c'est une force obscure qui, depuis l'origine, féconde la matière et lui donne vie. L'esprit me fait vibrer et me féconde, m'inspire et me nourrit. En le disant autrement, mon âme rejoint l'âme universelle.

D'une certaine manière, on peut dire que la religion a tué la spiritualité. Les dogmes ont tué l'esprit, au point qu'il devient difficile, dans notre monde, de parler spiritualité sans déclencher une sorte d'allergie chez certains. J'aime bien cette réponse du Dalaï Lama : « *On peut se passer de religion, mais pas de spiritualité.*[69] »

---

[69] Le Dalaï Lama, *Mon autobiographie spirituelle*, Presses de la Renaissance, 2009.

7
Le ravage de l'Éden

EN OBSERVANT LA COURBE D'ÉVOLUTION de la population mondiale, j'ai été frappé par cette évidence qui me dérange : je suis né dans un monde qui contenait 2,5 milliards d'êtres humains ; nous approchons aujourd'hui les 7 milliards. Sept milliards de bouches à nourrir, de corps à vêtir, d'individus à loger ! Sept milliards de prédateurs qui, chaque jour, ont besoin de toujours plus d'eau, de pétrole et de ressources naturelles qui s'épuisent. Sept milliards de pollueurs qui rejettent dans la nature des montagnes et des océans de déchets plus ou moins toxiques.

Le risque alimentaire

Il faut bien se rendre à l'évidence : le besoin de nourriture augmente plus vite que l'offre, ce qui conduira inexorablement dans les prochaines années à la fois à une augmentation dangereuse des prix et à un accroissement du nombre de mal nourris. La malnutrition devrait augmenter de 20 % dans les dix prochaines années.

Les experts dénombrent aujourd'hui vingt pays qui sont proches de l'effondrement économique et politique. Si plusieurs États s'effondraient, cela menacerait la stabilité de notre civilisation globale[70]. On dénombre annuellement 70 millions de bouches à nourrir supplémentaires, sans compter celles dont l'exigence grandit chaque année et s'oriente vers une plus importante consommation de produits animaux. À cela, il faut ajouter les décisions de certains gouvernements irresponsables d'orienter la production agricole vers les biocarburants. En 2009, un quart de la production américaine de céréales, suffisante pour nourrir 500 millions d'Indiens suivant leurs besoins actuels, sera affecté aux biocarburants. Sans compter que, comble de l'aberration, il faut plus de 9 000 litres d'eau pour produire un litre de biodiésel ! Les céréales nécessaires pour faire un seul plein de bioéthanol dans un 4 x 4 pourraient nourrir une personne pendant un an !

Nous assistons donc à une tragique compétition entre les besoins des voitures des pays riches et les besoins alimentaires des humains dans les pays pauvres. N'est-ce pas là le signe le plus évident d'une société mondialisée oligarchique ? Les décisions politiques et économiques atteignent dorénavant des dimensions sans équivalent.

Grâce à la convergence de facteurs favorables, la productivité des terres a été globalement multipliée par dix au cours de la révolution verte entre 1950 et 2000 : mécanisation, amélioration des semences, engrais et irrigation. Mais les données ont changé, et on dénombre au moins cinq facteurs qui, désormais, limitent toute augmentation de productivité et qui se

---

[70] « The failed States Index », by the Fund for Peace.

conjuguent même pour entraîner un déclin de la production mondiale des ressources agricoles.

Même dans les meilleures terres d'Europe, cultivées de façon rigoureuse et intense, les rendements plafonnent tout simplement parce qu'ils ont atteint leur optimum et que les arbres ne montent pas jusqu'au ciel. L'apport d'engrais sous forme d'azote, de phosphore et de potasse a permis à l'agriculture du XXe siècle de faire un bond prodigieux, et à la population mondiale de grossir d'un facteur six. Mais la nouvelle donne concerne une menace qui se pointe à l'horizon : l'épuisement des réserves de phosphore. Quatre pays se partagent 83 % des réserves minières qui se sont constituées au cours des temps géologiques : États-Unis, Chine, Afrique du Sud et Maroc. Ce dernier pays contrôle à lui seul 40 % des réserves mondiales. À l'échéance de quelques décennies, ces réserves seront épuisées. D'ici là, les coûts augmenteront et généreront une nouvelle source d'inflation des prix alimentaires[71]. Depuis quelques années déjà, les cultivateurs utilisent moins d'engrais pour des raisons économiques, ce qui pèse sur les rendements.

Le manque d'eau est sans doute le facteur le plus grave dans l'immédiat. L'irrigation consomme 70 % de l'eau disponible dans le monde. Mais l'eau renouvelable des rivières et des nappes phréatiques ne suffit plus. Il faut maintenant pomper dans les nappes aquifères fossiles. Il faut ajouter que pour produire un kg de riz, 2 000 litres d'eau sont nécessaires avec l'irrigation traditionnelle. Avec le goutte à goutte, un quart suffirait ! Dans les grandes plaines de la Chine du Nord, qui produisent la moitié du blé du pays, les ressources en eau diminuent

---

[71] David Vaccar, « Phosphorus: a looming », *Scientific American,* June 2009, p. 42-47.

rapidement. Ainsi, la production céréalière chinoise (blé, maïs, riz) baisse d'année en année et le pays le plus peuplé du monde sera bientôt obligé d'en importer massivement[72].

En Inde, la situation serait encore plus grave. On estime que 15 % de l'apport alimentaire indien dépendent de ressources en eau qui proviennent de champs aquifères profonds en voie d'assèchement : cela concerne 175 millions de consommateurs !

Par ailleurs, « *des centaines de millions de personnes en Chine, en Inde et dans d'autres régions de l'Asie dépendent des milliers de cours d'eau approvisionnés par les glaciers de l'Himalaya. Beaucoup de ces glaciers disparaîtront au cours de ce siècle, et les approvisionnements en eau avec eux.*[73] »

L'érosion des sols fertiles sous l'effet du vent et de l'eau constitue aussi un facteur qui génère une baisse des rendements des terres agricoles. Cette fine couche de terre arable qui recouvre les sols et dans laquelle les plantes puisent leurs nutriments est le fruit d'un long travail géologique. Or, certaines pratiques agricoles, comme le nettoyage par le feu, laisse les sols à nu, soumis à tous les lessivages et appauvrissement, comme on peut le voir dans de nombreux pays d'Afrique ou à Madagascar.

L'augmentation de la température de l'air constitue un autre facteur aggravant et il est estimé que l'élévation de 1 °C entraîne une diminution des rendements céréaliers de 10 %.

Il faut aussi tenir compte d'un autre facteur qui concourt à l'augmentation des besoins alimentaires : il s'agit de l'accroissement de la demande pour les produits carnés, aux dépens des

---

[72] Lester Brown, « Could food shortage bring down civilization ? », *Scientific American,* May 2009, p. 38-45.

[73] Jeffrey Sachs « Le défi de l'eau », *Pour la Science,* juin 2009, p. 18-19.

végétaux. Or, il faut huit fois plus d'espace agricole pour nourrir une population carnivore que pour nourrir des végétariens. Afin de produire un kg de viande, il faut déjà récolter 10 kg de végétaux riches en protéines. En outre, l'élevage animal génère près de 20 % des émissions de gaz à effet de serre dans le monde. Ainsi, la production d'un kg de viande émet 57 fois plus de gaz à effet de serre qu'un kilo de pommes de terre[74]. Il faudra bientôt choisir entre le steak et le tofu ! Sans compter les énormes quantités de nourriture pour nos animaux de compagnie, qui prolifèrent et qui sont mieux nourris qu'un milliard d'hommes...

Du côté des produits de la mer, la situation est encore plus dramatique puisque la pêche intensive – à laquelle les pays industriels se sont livrés depuis 50 ans – a épuisé les réserves qui ne parviennent pas à se reconstituer. Dans l'Atlantique Nord, la densité de la population de poissons a baissé d'un facteur 10. Elle était de 10 tonnes par km^2 en 1950 et seulement d'une tonne par km^2 en 2000. Malgré cette baisse drastique des réserves, la pêche industrielle s'entête à conserver des quotas importants, au-delà du bon sens. La France, par exemple, extrait de ses eaux plus de 300 000 tonnes de poissons par an, comme en 1950[75].

Les deux tiers des océans sont en zone internationale où tout est permis ou presque. L'homme est incapable de s'autoréguler : même quand la catastrophe est en vue, il continue d'extraire de la mer 80 millions de tonnes de poissons chaque année, avec des techniques industrielles de plus en plus prédatrices. Par exemple, le thon rouge de Méditerranée est en voie d'extinction. Les

---

[74] Nathan Fiala, « The greenhouse hamburger », *Scientific American,* February 2009, p. 72-75.
[75] Daniel Pauly – fishbase.org – seaaroundus.org

quotas autorisés, de 30 000 tonnes par an, sont de 50 % supérieurs à ceux préconisés par les experts. Mais en réalité, ils ne sont même pas respectés et 60 000 de tonnes sont effectivement pêchées[76] ! De son côté, la mer Baltique se meurt, asphyxiée par l'apport excessif de matières nutritives en provenance de l'agriculture et polluée par les produits chimiques issus de l'industrie pétrolière. Cela concerne directement la pêche des pays limitrophes : Pologne, Pays Baltes, Finlande et Suède.

La catastrophe alimentaire semble donc programmée, mais l'humanité continue son chemin comme si aucun danger ne la menaçait. Admirable courage ou bien pathétique aveuglement ? Il n'y a que deux alternatives : soit nous nous préparons à une confrontation généralisée et à une guerre globale de survie pour l'eau et la nourriture. Les pays riches seront alors les gagnants ; les autres s'enfonceront dans la misère et le dénuement pour plusieurs générations. Soit nous mettons en place un plan mondial de sauvetage fraternel de l'humanité en adoptant les moyens suivants : diminuer de façon drastique l'émission de CO^2 afin d'éviter le réchauffement climatique, stabiliser la population mondiale en éradiquant la pauvreté, améliorer l'usage contrôlé des ressources en eau avec recyclage systématique et utilisation du goutte à goutte à la place de l'aspersion, arrêter la production de biocarburants agricoles, maîtriser la pollution chimique, inciter à consommer des végétaux plutôt que des aliments d'origine animale et réduire le nombre d'animaux de compagnie.

Ces mesures sont urgentes pour éviter l'effondrement de notre civilisation. Des experts ont chiffré à 200 milliards de dollars

---

[76] greenpeace.org

par an le coût du sauvetage de l'humanité : c'est le sixième des dépenses militaires globales[77] !

La Tour de Babel

Les démocraties se nourrissent de grandes idées et de mots ronflants. Elles cultivent le lyrisme, en brassant de belles phrases qui, souvent, sont vidées de leur sens et ne veulent rien dire. On nous parle de liberté alors qu'elle est confisquée par l'idéologie dominante ; on nous parle d'égalité alors que nos sociétés ont généré plus d'inégalités que jamais ; on nous parle de fraternité alors que c'est le « chacun pour soi » et l'individualisme qui dominent. L'éthique est un mot à la mode autour duquel de doctes experts dissertent de tous les sujets qui éloignent l'homme de l'harmonie naturelle de l'Univers. Dès que l'on parle d'éthique, c'est pour transgresser quelques interdits millénaires qui gênent notre confort égoïste. « *La barbarie s'est s'éloignée de la nature* », écrivit Théodore Monod, qui ajoute : « *La nature est pour l'homme une proie à saccager plus qu'un capital à ménager... Conception triomphante d'un homme préposé à la domination du monde.*[78] »

L'homme s'est cru le maître de la Terre et, poussé par un orgueil démesuré, il continue de la piller à son profit immédiat aux dépens de ses enfants et petits-enfants. Aura-t-on jamais vu, au cours de l'histoire de l'humanité, pareil égoïsme et pareil cynisme ? Les démocraties sont moins enclines à faire la guerre car les peuples sont frileux, mais elles ont déplacé la

---

[77] Lester Brown, « Could food shortage bring down civilisation ? », *Scientific American*, May 2009, p. 38-485.
[78] Théodore Monod, *Et si l'aventure humaine devait échouer ?*, Grasset, 2000.

lutte sur le terrain économique. C'est la même logique économique qui a abouti à l'extermination des Indiens d'Amérique ou qui a conduit à la guerre en Irak. Les révoltes ethniques en Afrique sont souvent manipulées par les nations étrangères qui cherchent à s'approprier les réserves minières. Les politiciens prêchent la paix sur les estrades de l'ONU et sèment la zizanie sur le terrain pour jouer les sauveurs et mettre la main sur les ressources naturelles. Si les États n'interviennent pas directement, ils le font par l'intermédiaire des mercenaires modernes, comme le sont nombre d'ONG qu'ils financent. Tout cela se fait naturellement la main sur le cœur et en parfaite hypocrisie.

Le monde est coupé en deux : d'un côté, un Occident développé et pléthorique ; de l'autre, un tiers-monde qui compte désormais un milliard d'affamés. Les ventripotents, gros et gras, traîneront leur ennui dans tous les recoins de la planète à la recherche d'émotions fortes. L'observation de la misère leur donne un sentiment de suffisance, comme le maître passe en revue ses esclaves. Rien de tel pour apprécier sa richesse et sa puissance que de jeter un œil, de temps en temps, sur la misère et la pauvreté des autres. Rien de tel pour se donner de l'importance que l'excès de poids. L'obésité est à la fois le fléau moderne et le symbole d'un Occident boulimique qui n'en a jamais assez. À cet égard, les États-Unis nous ont précédés et les dernières statistiques montrent que 30 % de la population y est obèse, c'est-à-dire ayant un indice de masse corporelle supérieure à 30 (IMC = poids en kg divisé par le carré de la taille en mètre), ce qui correspond à un surpoids d'au moins 15 kg. De nombreux enfants gavés de sucreries, de barres énergétiques, de sodas hypercaloriques et de pommes de terre frites ressemblent de plus en plus à de petits bouddhas repus. Cette épidémie de l'obésité, emblématique de notre société, gagne l'Europe à grand pas et creuse le lit de la majorité de nos maladies dégénératives.

J'ai longuement montré, dans un précédent ouvrage[79], quels étaient les facteurs environnementaux et nutritionnels à l'origine du vieillissement prématuré et des maladies dégénératives qu'il serait facile d'éviter.

Notre société ne mange pas pour vivre, mais vit pour manger. La richesse n'est pas un moyen d'épanouissement, mais une fin en soi. Les sociétés multinationales cherchent sans cesse à accroître leur puissance financière. Nous sommes tous pris dans cette spirale infernale du « toujours plus », comme s'il fallait absolument combler un vide intérieur jamais satisfait. Nous croyons que le bonheur est proportionnel au PIB. À tous les échelons, notre société est pathétique.

Notre culture fondamentale est devenue celle des qualificatifs en hyper, en super, en méga. À tous les étages de la société, nous cultivons le mythe du record : plus grand, plus haut, plus fort, plus vite, plus riche, plus lourd, plus puissant, plus savant, mais aussi plus extravagant et plus provocateur. Il faut sans cesse battre de nouveaux records et nous nous essoufflons pour suivre le rythme ; notre société est toujours à la limite de la cassure, du *burn-out*, du *tipping point*, de ce point de basculement qui nous menace. À partir de quelle hauteur la Tour de Babel, symbole du suprême orgueil, devait-elle nécessairement s'écrouler ?

Le *tipping point* interviendra quand il sera devenu intolérable aux laissés pour compte de contempler une minorité trop bien

---

[79] Yves Ponroy, *Rester jeune et en bonne santé*, Éditions Jouvence, 2008.

nourrie et qui a accaparé l'essentiel de la richesse du monde et saccagé la planète. Cette révolte peut survenir dans un pays industriel vieillissant et doté d'une démocratie faible, à l'intérieur de laquelle les disparités sont trop fortes et le goût de l'effort est insuffisant pour affronter une crise économique majeure.

Des insurrections peuvent survenir à l'échelon des régions privées d'accès à l'eau, à l'alimentation ou au pétrole. Rien n'est plus contagieux que la révolte en période de pénurie, lorsque les pauvres prennent conscience que les riches ont tout accaparé. Si les nantis refusent de partager et continuent de se gaver on sait d'ores et déjà qu'il n'y en aura pas pour tout le monde !

Nous ne jouerons pas les prophètes, mais nous constaterons que tout est en place pour une grande contestation à l'échelle planétaire contre un ordre mondial déséquilibré. Mais nul ne sait ni le jour, ni l'heure de ce chambardement. Une nouvelle fois nous ferons appel aux remarques avisées d'Alexis de Tocqueville pour éclairer notre lanterne : « *Les révolutions, qui s'accomplissent par émotion populaire, sont d'ordinaire plutôt désirées que préméditées. Tel qui se vante de les avoir conspirées n'a fait qu'en tirer parti. Elles naissent spontanément d'une maladie générale des esprits, amenée tout à coup à l'état de crise par une circonstance fortuite que personne n'a prévue.*[80] »

Collapsus

La vie est changement. Cette phrase semble banale car elle nous est familière, mais elle renferme des implications fondamentales. À chaque instant, nous sommes soumis à des forces de

---

[80] Alexis de Tocqueville, *Souvenirs*, 1re partie, chap. III, 1850.

destruction et de construction. La vie d'une cellule, la vie d'un homme, la vie d'une famille, la vie d'une communauté et la vie d'une civilisation sont soumises à cette loi immuable du changement. Des cellules meurent pendant que d'autres prolifèrent. Nous voyons mourir beaucoup de gens autour de nous et pourtant, nous avons de la peine à imaginer notre propre mort.

Nous pensons que la civilisation qui nous nourrit depuis des générations est immortelle, bien que nous ayons appris la chute de l'empire romain, l'effondrement des civilisations maya ou khmère. Nous savons qu'au cours des âges, beaucoup de sociétés humaines ont complètement disparu, corps et biens : à l'île de Pâques et dans d'autres îles du Pacifique, les Anasazis du Nouveau Mexique, les Vikings de l'Atlantique nord, etc. Aujourd'hui, nous voyions sombrer en *live* Haïti, l'île de Nauru dans le Pacifique, l'Afghanistan, la Somalie, sans compter la multitude de sociétés traditionnelles en Amazonie, dans la presqu'île de Kola, au nord de la Sibérie et ailleurs encore.

Qu'il s'agisse des grandes civilisations hégémoniques, dominatrices et à tendance impérialiste dont nous faisons partie ou bien qu'il s'agisse des civilisations traditionnelles, de type patriarcal, fermées sur elles-mêmes, toutes sont sujettes aux fluctuations des affrontements, des épidémies, des changements climatiques, des dégâts à l'environnement et des désordres internes. Toutes sont vulnérables, toutes peuvent périr, mais rien n'est jamais inéluctable. Le devenir des sociétés, comme celui des individus, peut certes se trouver confronté à des aléas hostiles, mais, *in fine*, ce sont nos choix stratégiques, nos décisions, qui nous permettront – ou non – de nous adapter et de surmonter les difficultés. Tel est notre degré de liberté.

Tout cela « *devrait contribuer à convaincre le monde contemporain que les sociétés sont mortelles* », écrit Jared Diamond, chercheur et enseignant à l'université de Californie. Il ajoute : « *Nous pouvons nous permettre de négliger un certain nombre de gaspillages lorsque la conjoncture économique est bonne. Nous oublions toutefois que les conditions fluctuent et qu'il est possible que nous ne soyons pas capables d'anticiper le moment où la conjoncture se retournera. À ce moment-là, nous nous serons peut-être déjà habitués à un mode de vie dispendieux, ce qui ne nous laisserait comme issue qu'une alternative : la réduction drastique de notre mode de vie ou l'effondrement.*[81] »

Ces phrases ont été écrites en 2005, c'est-à-dire en pleine euphorie économique en Occident. Dans son livre, l'auteur étudie minutieusement l'enchaînement des événements qui ont conduit certaines sociétés à disparaître au cours d'un « *processus autocatalytique* », pour reprendre son expression. Il a étudié l'effondrement de la civilisation de l'île de Pâques ainsi que de certaines îles de la Polynésie et du Sud-Est ; celui des diverses cultures qui occupaient le sud-ouest des États-Unis actuels (Anasazis, Mimbres, Mogollon et les habitants de Chaco Canyon, près de Santa Fe), qui sombrèrent bien avant l'arrivée des Espagnols. De même pour l'effondrement de l'immense civilisation des Mayas vers l'an 800, dont Hernan Cortés ne rencontra que les vestiges, puis celui des sociétés vikings dans l'Atlantique nord. Jared Diamond poursuit son étude sur certaines sociétés contemporaines en perdition, comme au Rwanda ou en Haïti.

Malgré des différences notables dans les facteurs ayant entraîné le déclin, on peut globalement retenir le processus suivant, qui débute par une société dynamique, bien gérée, prospère dans une région écologiquement fragile : elle pratique la

---

[81] Jared Diamond, *Effondrement*, Folio Essais, 2006, p. 246.

déforestation pour mettre en culture de nouvelles terres ; elle exploite les ressources locales (eau, minerais) ; la population augmente et prolifère. Mais la déforestation doit s'amplifier : c'est l'âge d'or de la civilisation qui a entamé largement son capital. Sous l'effet des pluies, les terres sont lessivées. La fertilité et les rendements diminuent. La pénurie de bois ne permet plus de construire des pirogues pour la pêche, ni des maisons pour la famille, ni de produire du charbon de bois pour travailler le fer. On ressent les effets de la surpopulation. Les ressources s'épuisent. Le moindre aléa climatique (plus froid, plus sec ou trop pluvieux) et c'est la catastrophe. Les famines arrivent en même temps que la lutte pour la survie. Les troubles politiques ébranlent le pouvoir qui disparaît. Les guerres civiles finissent dans le cannibalisme avant l'effondrement final. « *Les civilisations s'effondrent rapidement après avoir atteint un apogée démographique et de pouvoir* », ajoute Jared Diamond, qui parle de « *cycle de puissance* ».

Nous pourrions aussi méditer sur le destin de l'île de Nauru, un Éden situé en plein Pacifique, au nord-est de l'Australie, dénommé *Pleasant Island*. Les habitants y vivaient paisiblement et pauvrement depuis des siècles lorsque les Britanniques y découvrirent du phosphate au milieu du siècle dernier. En 1960, la société exploitante en extrayait un million de tonnes par an. Les insulaires surent profiter de cette manne providentielle et, en quelques années, devinrent tous richissimes. Mais l'homme est imprévoyant, c'est bien connu. Ainsi, après des dépenses somptuaires, le phosphate est devenu rare. Aujourd'hui, 90 % de l'île n'est plus qu'une immense carrière désaffectée, et le pays est passé soudainement de l'extrême richesse à l'extrême pauvreté. L'environnement est délabré, la population obèse et alcoolique, l'île est saccagée. Mais rien n'est arrivé par hasard ; seule la folie des hommes en est la cause[82].

Qu'est-ce que les habitants de l'île de Pâques se sont dits quand ils ont vu abattre le dernier arbre ? Qu'est-ce que les habitants de l'île de Nauru se sont dits quand ils ont vu partir le dernier bateau de phosphate ? Ces événements sont sans doute passés inaperçus car la déforestation d'une part, ou l'épuisement des mines de phosphate d'autre part, se sont étalés sur deux générations, de façon imperceptible au niveau du quotidien, comme est imperceptible aujourd'hui le réchauffement climatique ou l'augmentation de la pollution. On finit par s'habituer à la plus étrange ou la plus douloureuse des situations qui devient la norme, la référence.

Je peux raconter à mes enfants ou petits-enfants le ruisseau de mon enfance où nous pêchions des écrevisses et de nombreux poissons ; ils ne voient aujourd'hui qu'une eau morte, asphyxiée, comme ils l'ont toujours connue. Je peux leur parler avec nostalgie du goût des tomates gorgées de soleil, mais ils ne connaissent que la tomate normalisée, à la peau dure, gorgée de substances chimiques, sans saveur. En fait, personne n'a vu la dernière écrevisse dans le ruisseau, personne n'a goûté la dernière tomate succulente. Tout le monde fut indifférent et occupé ailleurs !

Il ne faudrait pas croire que les catastrophes qui ont dévasté l'île de Pâques et l'île de Nauru ne sont que limitées dans le temps et dans l'espace et qu'elles ne pourraient arriver aujourd'hui. En effet, une catastrophe identique est en cours

---

[82] Luc Folliet, *Nauru, l'île dévastée,* La Découverte, 2009.

à Haïti et en Somalie. En outre, des risques de catastrophes de grande ampleur se développent actuellement au niveau de continents entiers, en particulier en Chine et en Australie.

En Chine – qui compte pour 1/5 de la population mondiale – un processus inexorable est en route, qui ressemble à ce qui s'est passé à l'île de Pâques. La déforestation a été massive puisque les forêts n'occupent plus que 16 % de l'immense territoire. La Chine exporte même sa déforestation car elle est obligée d'importer de très grandes quantités de bois d'Afrique et même d'Europe. Depuis l'interdiction d'exportation de bois qui date de 1998, les importations ont été multipliées par six. On assiste à cette aberration économique, qui consiste à exporter des billes de bois européen en Chine, puis à les réimporter sous forme de meubles ou de parquets !

L'érosion des terres dénudées et le surpâturage épuisent les sols progressivement. La production d'herbe a baissé de 40 % en 50 ans. La sécheresse atteint le plateau central où poussent traditionnellement les céréales. Les changements climatiques dus, entre autres, à la déforestation alternent tempêtes de poussière, inondations et sécheresses. L'eau manque et de nombreux cours d'eau subissent des ruptures annuelles.

La Chine était le premier exportateur de soja, mais depuis l'an 2000, il est devenu le premier importateur de soja, en particulier du Brésil, ce qui pousse aussi à la déforestation là-bas. Outre cette désertification, la pêche est en fort déclin. Dans le Yang-Tsé, par exemple, la prise de poissons sauvages a chuté de 75 %. La Chine est donc aujourd'hui confrontée à un grave problème de sécurité alimentaire alors que la population ne cesse d'augmenter.

La priorité du *made in China* a donné la primauté à la croissance économique, aux dépens de l'environnement et du développement durable. La pollution y est extrême à tous les niveaux, sachant que les trois quarts de la consommation énergétique de la Chine proviennent du charbon. À titre d'exemple, le taux de plomb dans le sang d'un citadin chinois est le double de ce qu'il est ailleurs. La Chine est le premier producteur d'oxyde de soufre, à l'origine des pluies acides et de gaz carbonique, responsables de l'effet de serre !

La Chine est un géant fragile[83].

L'Australie est un continent écologiquement fragile, lui aussi à la croisée des chemins. Les Australiens ont une mentalité de mineurs ; cela consiste à exploiter une mine jusqu'à épuisement, et ensuite, d'aller voir ailleurs. L'exploitant agricole procède de même. Sur un sol particulièrement fragile et pauvre en éléments nutritifs, il a surexploité les forêts, les terres et la pêche. Les Australiens ont en particulier abattu la forêt primaire, peuplée des magnifiques gommiers bleus le Tasmanie qui poussent si lentement que leur remplacement n'a pas été possible. L'Australie est maintenant le continent le plus déboisé.

Aujourd'hui, le sol est érodé et l'agriculture consiste à toujours mettre plus d'eau et d'engrais dans un sol sablonneux. La pluviosité étant très faible et de plus en plus aléatoire, tout pousse lentement et les rendements sont mauvais. Une autre cause de la dégradation des sols est la salinisation provoquée par l'irrigation qui fait remonter le sel du sous-sol vers la surface. À cela, il faut ajouter les dégâts occasionnés par le pâturage excessif des moutons et des lapins.

De son côté, la culture du coton utilise d'énormes quantités d'eau et nécessite l'usage massif de pesticides, d'herbicides, de

---

[83] Jianguo Liu, « China's environment in a globalizing world », *Nature*, 435, 2005, p. 1179-1186.

défoliants et d'engrais, qui nourrissent les algues et tuent les poissons. Cette culture est profitable à court terme pour les acteurs de l'agrobusiness du coton, mais certainement pas pour l'activité globale de l'Australie si on calcule les coûts indirects : épuisement des terres, pollution, manque d'eau.

En bref, l'agriculture australienne n'est pas rentable ; elle est condamnée au déclin et son capital s'épuise d'année en année : « *Nombre de profits à court terme de l'agriculture induisent en réalité des pertes globales pour l'Australie.*[84] »

Certains estiment que l'environnement australien ne pourrait supporter que la moitié de sa population actuelle[85].

On peut se poser la question de savoir si, dans certaines régions du monde, nous ne sommes pas en train de préparer le scénario catastrophe de Malthus : augmentation exponentielle de la population (suivant le rythme 2, 4, 8, 16, 32...) face à une augmentation seulement arithmétique de la production alimentaire (suivant la progression 1, 2, 3, 4...) !

L'explosion démographique en Afrique a de quoi inquiéter, avec une croissance qui, dans certains pays, dépasse 4 % par an. Une des causes les plus profondes de la guerre au Rwanda, entre les Tutsis et les Hutus, était un conflit de subsistance, de terre, de survie sur un territoire qui comptait 760 habitants par km^2 et dont près de la moitié consommait moins de 1 600 calories par jour, ce qui équivaut le niveau de famine. Les fermes avaient une superficie moyenne d'un demi-hectare et devaient faire vivre en moyenne 5,3 personnes. Dans ces conditions, la pression

---

[84] Jared Diamond, *Effondrement*, Folio Essais, 2006, p. 644.
[85] Tim Flannery, « Beautiful lies : population & environment in Australia », *Quaterly Essay*, 9, 2003.

démographique a été l'un des facteurs essentiels à l'œuvre dans le génocide rwandais.

Témoin du génocide, Gérard Prunier en a fait une étude approfondie dans un livre bien documenté : « *Les politiciens avaient bien sûr des raisons politiques de tuer. Mais si de simples paysans dans leur entourage familial ont poursuivi le génocide avec un tel acharnement, c'est qu'une réduction de la population, pensaient-ils sans doute, ne pourrait que profiter aux survivants.* » Dans le même ouvrage, l'auteur ajoute : « *Sans doute, les villageois ont-ils aussi le vague espoir qu'une fois le calme revenu, après les massacres, ils pourront obtenir des terres ayant appartenu aux victimes. Ce qui ne manque pas d'exercer un fort attrait dans un pays aussi pauvre en terres que le Rwanda.* » L'un des survivants raconte : « *Les parents d'enfants qui allaient à l'école pieds nus tuaient les parents qui pouvaient acheter des chaussures aux leurs.*[86] » Le génocide rwandais était bien autre chose qu'une guerre tribale, contrairement à la présentation simplificatrice des médias.

Cette crise malthusienne qui est survenue au Rwanda peut surgir demain ailleurs si le monde continue au même rythme et dans la même direction. C'est tout l'équilibre du monde qui peut être rompu avec des vagues migratoires sans précédent qui peuvent submerger l'Occident, comme l'immigration américaine a submergé les Indiens !

Rien de ce qui précède n'est abstrait ou théorique. Les dangers que nous avons énumérés au niveau de l'environnement ne concernent pas seulement la civilisation occidentale, mais l'ensemble de l'humanité. Cependant, j'ai tenté de montrer que face à ces menaces qui s'approchent, ce sont les sociétés fragiles et faibles qui seront exposées au risque maximum.

---

[86] Gérard Prunier, *Rwanda, le génocide*, Dagorno, 1997, p. 13, 297 et 299.

Il n'est pas inintéressant de signaler au passage les menaces de survie qui pèsent sur les grands singes et les gorilles en particulier. Les spécialistes ont repéré cinq facteurs principaux qui sont en cause : « *Le braconnage, des conflits armés, le déboisement, les exploitations minières et les maladies* », selon Nelly Ménard, spécialiste du CNRS, qui ajoute : « *Le risque d'extinction est imminent.*[87] » L'analogie avec les facteurs qui nous menacent est frappante. On peut seulement remplacer le braconnage par l'accaparement des ressources au profit de quelques-uns, ce qui conduit à la famine et à la misère des plus démunis.

Le syndrome de Diogène

Les psychiatres désignent sous le terme de *syndrome de Diogène* cette propension de certains individus à remplir leur habitat de détritus ou d'objets hétéroclites et inutiles. Les Diogène laissent les déchets les envahir et les submerger sous forme d'empilements monstrueux. Ils sombrent dans la folie et la mort, ayant perdu tout espace vital au profit des sédiments d'ordures puantes qui occupent peu à peu tout l'espace[88].

Ce syndrome de Diogène rejoint une terreur contemporaine de voir l'humanité étouffer sous ses propres déchets, comme on l'a vu à Naples. Mais au-delà des simples ordures ménagères, notre société engendre une quantité considérable de déchets plus ou moins toxiques dont l'élimination est de plus en plus problématique, voire impossible, comme c'est le cas avec les substances radioactives et nombre de substances chimiques

---

[87] Nelly Ménard, « Les gorilles vont-ils disparaître ? », *Pour la Science*, Oct. 2009, p. 18-19.

[88] Thierry Mertenat, *La vie secrète du Diogène*, Labor et Fides, 2009.

persistantes. Ces déchets silencieux et sans odeur sont particulièrement insidieux car ils envahissent notre environnement, les aliments que nous mangeons, l'eau que nous buvons et l'air que nous respirons. Ces produits chimiques s'accumulent tout au long de la chaîne alimentaire et se retrouvent en haute concentration chez le prédateur final, qu'il soit homme ou animal. C'est ainsi que la plus haute concentration de mercure dans le sang a été retrouvée chez les Inuits qui consomment beaucoup de poissons.

Le déclin de l'empire romain a été étudié plus que tout autre à cause de son ampleur et les causes sont multiples. Parmi celles-ci, il en est une qui est d'ordre gustatif. L'élite romaine avait pris l'habitude de boire du vin et avait un penchant pour les vins assez doux dotés d'une belle « rondeur », comme en parlent aujourd'hui les œnologues. Pour cela les viticulteurs ajoutaient des sels de plomb au goût doucereux. Il s'ensuivit un lent délabrement par saturnisme qui accompagna les périodes sombres de la décadence. Aujourd'hui, nous assistons à une lente et inexorable féminisation du monde vivant. D'une part, sous l'effet des perturbateurs hormonaux présents dans les pesticides qui ont une activité œstrogénique et, d'autre part, sous l'effet des résidus des médicaments hormonaux, présents dans l'eau de boisson. Ainsi, 300 g de moules ramassées à proximité de l'embouchure d'un fleuve contiennent autant d'hormones qu'une pilule contraceptive ! Les œstrogènes sont au monde moderne ce que furent les sels de plomb à la société romaine !

Dans notre monde contemporain, nous sommes soumis aussi à une lente et continuelle intoxication sournoise, provoquée par la multitude de produits chimiques que nous utilisons. Ces méfaits sont sans doute tout aussi graves, si ce n'est plus, que le saturnisme des Romains. Mais ils ne sont pas toujours immédiatement perceptibles et ne se retrouvent que dans les statistiques des épidémiologistes. Quelques articles ici ou là éveillent bien parfois l'attention du public, mais l'information est vite balayée par le flot continu des nouvelles. On parle de pollution chimique, mais on ne la voit pas concrètement ; le danger est diffus, théorique, abstrait. Il suffit pourtant de regarder l'évolution des maladies et de la mortalité pour se convaincre que le problème est bien plus grave que l'on imagine.

Beaucoup d'entre nous croient encore que les maladies tombent du ciel par hasard et n'ont pas de causes précises, tel un destin écrit d'avance. Nombreux sont ceux qui refusent l'idée d'une responsabilité individuelle et collective dans le déclenchement de nos maladies. C'est ce que l'on peut appeler la pensée magique, entretenue par le monde médical, qui mise sur notre irresponsabilité pour gérer nos maladies au mieux de ses intérêts.

J'ai déjà, dans un précédent ouvrage, développé et argumenté le fait que nous sommes en partie des acteurs de nos maladies et de nos guérisons mais ce livre avait été jugé provocateur[89].

Ne sommes-nous pas cependant coresponsables de ce que nous mettons dans notre assiette ? Dans une large mesure, nous choisissons nos aliments, individuellement et collectivement, en tant que consommateurs. Si nous choisissons des aliments issus de l'agriculture conventionnelle, nous savons qu'ils sont imbibés de pesticides, d'herbicides et d'insecticides toxiques et dangereux. Nous savons que les aliments industriels contiennent nombre de

---

[89] Yves Ponroy, *Être acteur de sa guérison,* Éditions Jouvence, 2006.

conservateurs, colorants, agents de texture chimiques et artificiels qui perturbent notre métabolisme. En outre, les produits cosmétiques et les parfums contiennent des perturbateurs hormonaux que l'on retrouve dans l'eau de boisson.

Nous sommes malades du poids de la santé

Pour mieux nous convaincre, faut-il lui montrer ces quelques chiffres qui parlent d'eux-mêmes et qui devraient rendre la médecine plus modeste :

- Le taux de maladies auto-immunes a triplé en 40 ans.
- 30 % de la population sont atteints d'allergie ; on estime que ce chiffre sera de 50 % en 2018.
- En Europe, 30 % de la population sont en surpoids.
- Le cancer du sein a augmenté de 97 % en 20 ans.
- Le cancer de la prostate a augmenté de 271 % en 20 ans.
- Le cancer du poumon chez la femme a augmenté de 126 % en 20 ans.
- Aux États-Unis, un enfant sur 10 est atteint d'hyperactivité.
- Un couple sur 6 est stérile.
- Le spermatogramme d'un garçon de 20 ans est aujourd'hui équivalent à celui d'un homme de 60 ans.

Ce n'est donc pas seulement notre santé qui est en danger, mais aussi la survie de notre espèce. Nos maladies sont en elles-mêmes les symptômes d'une société malade. C'est cela aussi la globalité : chaque niveau contient la représentation du tout ! Tout événement, à un certain niveau, est un symptôme, c'est-à-dire est représentatif d'un ensemble plus vaste. Autrement dit, pour donner un exemple, les dirigeants expriment les symptômes des citoyens qu'ils représentent ; les peuples expriment les symptômes de leur culture ou de leur civilisation. Chacun d'entre nous est le symptôme de la société dans laquelle il vit.

Quand on parle de santé, le mot symptôme est approprié. Or, il est frappant de constater la place qu'a prise la maladie dans nos sociétés occidentales. Elle est omniprésente dans nos préoccupations et nos peurs. Le budget des assurances santé est devenu supérieur au budget de l'État, pour atteindre en France 435 milliards d'euros par an et inscrire, pour 2010, un déficit de 30 milliards !

Qui peut croire que cette situation peut perdurer ? Le personnel de santé est devenu pléthorique et pourtant, chacun pense qu'il est insuffisant. Selon les dernières estimations, le personnel soignant occupe en France plus d'un million de personnes, auxquelles il faut ajouter à peu près autant de personnel administratif et d'agents hospitaliers divers[90]. Ainsi, 2 millions de personnes s'occupent directement de notre santé, un nombre qui a doublé en 25 ans ! Sans compter les ambulanciers, les aides à domicile, les nombreuses associations qui œuvrent dans le secteur de la santé, ainsi que les nombreuses industries qui en vivent, à commencer par l'industrie pharmaceutique !

Mais ce n'est jamais assez et nous nous acheminons tranquillement vers cette époque ou la moitié de la population sera occupée à soigner l'autre moitié. Ceci est un symptôme majeur de l'état de délabrement de notre société occidentale : une société frileuse, recroquevillée sur elle-même et hypocondriaque. C'est cela aussi, le déclin, une pathologie collective dont le syndrome

---

[90] insee.fr – Effectif des professions de santé, 2009.

dépressif, si fréquemment rencontré, en est l'illustration la plus pathétique.

On oublie trop souvent que si l'économie est entre les mains des institutions financières et à la merci de leurs folies, de même, la santé est entre les mains d'une institution médicale boulimique qui a pris le pouvoir sur notre corps. Ces deux institutions sont aussi dangereuses l'une que l'autre et ont toutes les caractéristiques du totalitarisme : opacité, sectarisme, refus de se remettre en question, à la fois juge et partie. Elles se réfugient derrière un soi-disant savoir que les autres n'ont pas et constituent ainsi une caste du pouvoir. D'ailleurs, la façon dont a été gérée la crise économique d'une part, et l'épidémie de grippe H1N1 d'autre part, illustre parfaitement mon propos : qui plus est, aucune leçon n'en a été tirée ni d'un côté, ni de l'autre. La réforme de ces deux institutions est impérative si nous ne voulons pas sombrer à cause des risques spéculatifs ou sous les déficits colossaux des systèmes de santé.

Il n'y a de richesse que la vie

En introduction à son livre *La décroissance,* l'économiste roumain Georgescu-Roegen a mis en exergue cette phrase de John Ruskin, célèbre critique d'art britannique du XIXe siècle : « *Il n'y a de richesse que la vie.*[91] »

L'analyse de Georgescu-Roegen est injustement mal connue, sans doute parce qu'elle dérange nos certitudes économiques les plus enracinées, à savoir que le développement économique

---

[91] Nicholas Georgescu-Roegen, *La décroissance,* Éd. Sang de la Terre, 2008.

et l'accroissement de la richesse sont infinis et que le génie de l'homme, avec son inventivité, saura repousser sans cesse les limites de la croissance. L'auteur nous ramène, avec une démonstration très simple, à quelques vérités fondamentales.

Il nous rappelle d'abord le premier principe de la thermodynamique selon lequel l'homme ne peut ni créer ni détruire de la matière ou de l'énergie. La seule chose qu'il puisse faire, c'est de transformer de la matière en énergie. Lors de ce processus, il part d'un état de basse entropie vers un état de haute entropie, c'est-à-dire de plus grand désordre.

Brûler du charbon pour faire fonctionner une chaudière ne crée rien, mais dissipe simplement de l'énergie. Lors de ce processus, nous transformons une énergie libre et utilisable en une énergie inutilisable. En effet, nous ne pouvons pas utiliser cette énergie pour faire du charbon et celui-ci ne peut être utilisé qu'une fois. Au final, le travail accompli par la chaudière aura dégradé de l'énergie, ce qui nous amène au deuxième principe, de la thermodynamique, à savoir que l'entropie, c'est-à-dire le désordre d'un système clos, ne peut qu'augmenter. Bien sûr, on peut localement diminuer l'entropie d'un système, c'est-à-dire y mettre de l'ordre. C'est ce que fait le métabolisme biologique au sein de tous les êtres vivants, mais il le fait au détriment de l'environnement dans lequel l'entropie va nécessairement croître.

Ainsi, d'un point de vue physique, le processus économique ne fait que transformer des ressources naturelles de valeur (basse entropie) en déchets de haute entropie. On peut ajouter que « *tout objet présentant une valeur économique comporte une structure hautement ordonnée, donc de basse entropie.* »

Depuis l'aube de l'humanité, l'homme a toujours cherché les moyens les plus efficaces pour capter la basse entropie. En d'autres termes, « *le processus économique comporte une évolution irrévocable à sens unique* ». Le progrès scientifique, la puissance de la technologie ou l'inventivité des financiers ne changeront rien à cette vérité fondamentale. Augmenter la production industrielle et agricole consiste finalement à puiser nécessairement dans les réserves d'énergie ou de matière disponibles et à engendrer dans le même temps davantage de déchets et de pollutions. Il faut en effet se rendre à cette évidence : l'homme ne crée jamais rien, il ne fait que transformer de façon irréversible !

Tout ce qui précède est valide dans un système clos, c'est-à-dire dans lequel le stock de matière-énergie utilisable est par définition limité. On peut en effet considérer que la terre est, au milieu de l'Univers, un système fermé et clos. C'est dans ce champ clos que s'est développé notre monde moderne et industriel. Mais nous verrons que notre salut ne peut venir que d'une source d'énergie inépuisable, en provenance d'un autre système, extérieur. Cette source sera bien évidemment le rayonnement solaire et le rayonnement cosmique dont, à notre échelle de temps, on peut considérer le flux comme inépuisable, renouvelable et sans déchets.

Avant l'ère industrielle, l'homme vivait immergé dans la nature et y trouvait sa subsistance sans rompre aucun équilibre. Il respectait la nature car il savait que celle-ci lui offrait gratuitement les fruits de sa richesse. Il savait qu'il pouvait cueillir les fruits de cette richesse car il n'entamait pas la richesse elle-même, c'est-à-dire le capital. Il était en harmonie. En effet, il cueillait, il chassait ou pêchait en puisant dans un stock fini, mais renouvelable. La source inépuisable de son énergie était l'énergie solaire qui faisait pousser les plantes dont il se nourrissait ainsi que les animaux. À cette époque, l'économie était circulaire puisque tout ce qui était consommé était renouvelé, comme c'est encore le cas dans certaines peuplades isolées. En un sens donc, nos ancêtres avaient une vision plus grandiose, plus cosmique que nous. Ils étaient conscients de faire partie d'un grand Tout et avaient un profond respect pour la nature dans laquelle ils étaient immergés, au même titre que les autres êtres vivants. Ils étaient conscients que le soleil leur apportait tout.

L'homme moderne a péché par vanité. Il s'est cru l'élu privilégié de Dieu et chargé par Lui-même de soumettre la nature à son service. L'économie a cessé d'être circulaire et va désormais dans le sens d'une destruction irréversible. C'est une économie à sens unique, qui s'enfonce chaque jour davantage dans un cul-de-sac. L'homme moderne n'est plus au service de la nature, au service de la vie ou au service du grand Tout ; il travaille à son propre service. Pour cela, il entreprit de domestiquer la nature et d'y puiser tout ce dont il avait besoin. Il pratiqua la déforestation, il mit à nu les champs pour y labourer, y planter, y récolter. Il éleva des animaux pour sa nourriture et il lui fallut davantage de terres à cultiver. Il travailla le fer, puis d'autres métaux. Il lui fallut du charbon de bois. Il en brûla beaucoup pour se chauffer, pour cuire ses aliments et pour faire fondre les minerais. Puis il inventa la machine à vapeur. La révolution industrielle était en route. La population augmenta de façon exponentielle. L'homme continua à puiser dans les réserves de charbon, puis de pétrole et aussi de quantité de minéraux. Ainsi, il épuisa les terres et les réserves d'eau. Il devint riche et imagina des théories économiques qui lui firent tourner la tête. Il parla d'une croissance économique infinie en croyant que son travail créait de la richesse. Puis vint le désenchantement quand il comprit qu'il n'avait fait que puiser dans son capital, qui était limité.

Il découvrit soudain que ses réserves de charbon et de pétrole s'épuisaient, que les terres dénudées et surexploitées avaient perdu de leurs richesses, que certains métaux essentiels venaient eux-mêmes à manquer. Il commença à prendre conscience de l'ampleur du désastre lorsqu'il constata les dégâts qu'il avait infligés à l'environnement par l'accumulation de ses déchets toxiques pour la Terre, pour l'eau et pour lui-même. La soi-disant croissance économique ne reposait en fait que sur l'épuisement de son capital qu'il a transformé de matière-énergie libre et utilisable en énergie dissipée et inutilisable.

Dans une sorte de démence collective, le scientifique et l'économiste ont eu cette prétention illusoire de créer de la richesse, en oubliant que l'homme ne crée rien, qu'il ne fait que se servir. Nous avons cru longtemps que le soleil tournait autour de nous, petits narcisses égotiques. Nous avons cru que la nature était à notre service et que nous la dominions. Nous étions les maîtres ; elle était l'esclave. Mais par un mouvement de bascule, nous devenons ses obligés. Car aujourd'hui, c'est la nature qui nous maîtrise ; nous dépendons d'elle, comme le rappelle Michel Serres : « *Oui, nous dépendons désormais de ce qui, encore hier, ne dépendait que de nous... Nous devenons objets de ce sujet nouveau, la Biogée* ». Le monde, désormais, s'assoit à la table des négociations. Il ajoute : « *Se termine une ère immense de notre histoire.*[92] »

Les économistes nous ont raconté des balivernes. Ils nous ont expliqué que le juste prix était celui qui résultait de l'offre et de la demande et qu'il oscillait comme un pendule, ramené

---

[92] Michel Serres, *Le temps des crises*, Éd. Le Pommier, 2009, p. 53-5.

sans cesse vers le point d'équilibre. Mais leur raisonnement est entaché d'une grave lacune. Ils n'ont pas décelé cette évidence criante, à savoir que leur juste prix n'est pas un prix juste car il n'inclut pas des facteurs prépondérants : le coût de remplacement d'une part, et le coût des déchets engendrés d'autre part.

Est-il juste, le prix d'une bille de bois de gommier bleu de Tasmanie, qui ne tient compte que de la main-d'œuvre pour l'abattre, du coût du transport et de la marge des intermédiaires ? Il y manque la valeur que l'on donne aux centaines d'années qui se sont écoulées pour en faire le géant des forêts australiennes et il y manque l'évaluation du temps qu'il faudra pour le remplacer. C'est la dictature du présent !

Quel est le coût réel d'un stock qui s'épuise et dont les générations suivantes seront privées ? Le prix serait plus juste si l'on pouvait demander aux populations futures de surenchérir sur le prix d'un baril de pétrole. Les lois de l'offre et de la demande seraient déjà plus équitables. Mais comment se préoccuper d'un bénéficiaire qui n'existe pas encore ?

Le prix d'une tonne de soja suivant le cours mondial ne tient pas compte de la baisse des réserves d'eau dans les nappes profondes, ni de la baisse des rendements due à la désertification et à l'épuisement des sols, ni de la déforestation, ni de la pollution des rivières en aval, ni de la mort des poissons, ni des coûts des maladies auto-immunes, ni des cancers engendrés par les pesticides !

Qu'ils soient issus de la pensée marxiste ou de la pensée libérale, les économistes nous ont trompés, soit par ignorance, soit par aveuglement idéologique, soit par malveillance. Nous ne payons pas le pétrole à son vrai prix, à son prix de remplacement, qui doit tenir compte des millions d'années pour le renouveler. Nous ne payons pas l'électricité nucléaire à son prix réel car il n'inclut pas l'épuisement des ressources d'uranium, ni les guerres que cela suscite en Afrique pour se l'approprier. Il n'inclut pas non plus le coût exorbitant de la gestion des déchets radioactifs que nous laissons en héritage aux générations suivantes ; il n'inclut même pas le coût du démantèlement des vieilles centrales.

Notre civilisation vit triplement à crédit : d'une part, elle épuise le capital énergétique disponible pour l'ensemble de l'humanité présente et future, d'autre part, elle pollue durablement l'environnement, ce qui entraîne des conséquences graves pour la santé des populations sur plusieurs générations, et enfin, elle trouve le moyen de s'endetter, individuellement et collectivement, au-delà de ses moyens de remboursement, dans le seul but d'augmenter encore ses capacités prédatrices. Dans un système clos, le prédateur peut s'enrichir, mais il s'enrichit nécessairement aux dépens des autres puisqu'il ne peut rien créer. La croissance économique infinie, au sens de l'augmentation permanente des richesses, est donc une illusion trompeuse. Tout cela n'a rien de réjouissant, et cette phrase de Nicholas Georgescu-Roegen, écrite en 1979, ne pourra pas nous réconforter : *« Puisque la loi de l'entropie n'offre aucune possibilité de refroidir une planète en réchauffement continuel, la pollution thermique pourrait se révéler pour la croissance un obstacle plus décisif encore que la finitude des ressources accessibles.*[93] »

De cet exposé, il ressort que la seule voie pour éviter l'apocalypse ou le collapsus des sociétés modernes réside dans la prise de conscience que notre monde n'est pas clos. La seule façon de

---

[93] Nicholas Georgescu-Roegen, *La décroissance,* Éd. Sang de la Terre, 2008, p. 108.

sortir du dilemme dans lequel nous enferment les lois physiques de la thermodynamique, c'est de chercher des sources d'énergie inépuisables, non polluantes et non stockées sur la Terre.

Au premier rang de celles-ci se trouve l'énergie solaire, source d'énergie qui ne génère pas une augmentation d'entropie, c'est-à-dire le désordre. La photosynthèse en est la preuve la plus évidente. Pas étonnant donc que les Incas adoraient le soleil. Il est bien dommage que les civilisations technologiques n'ont pas compris le sens profond de ces pratiques. On comprend bien ici la différence fondamentale qu'il y a entre l'énergie fossile, qui est un stock, et l'énergie solaire, qui est un flux. L'énergie du vent, des vagues ou des marées fait aussi partie des sources d'énergie non stockées.

Mais il restera toujours les besoins en minéraux indispensables pour l'industrie et dont les ressources s'épuisent. La lune en est pourvue, mais on imagine les énormes dépenses énergétiques qu'il faudrait mettre en œuvre pour ramener seulement quelques tonnes de minerai de fer !

Cela ne veut pas dire que le développement scientifique et technique ne peut pas se poursuivre, mais un développement durable butera toujours sur le fait que nous habitons un monde fini et que la dotation reçue par l'humanité a une limite.

Les acrobaties financières à la mode, qui semblent faire croire qu'elles génèrent de la richesse, sont une autre illusion encore plus trompeuse. La spéculation sur les matières premières, les actions ou les monnaies n'est que transfert de richesses depuis une entité qui s'appauvrit vers un spéculateur qui s'enrichit. L'entité qui s'appauvrit peut-être un État, une entreprise, un consommateur, un travailleur ou un contribuable. Faire fabriquer ses biens en Chine à bon marché n'est qu'un transfert de richesses vers la Chine. À court terme, cela semble une bonne affaire, mais à plus long terme, c'est une perte de savoir-faire et, en fin de compte, tout le monde est perdant car si la Chine exporte, elle conserve la pollution et les déchets.

Ainsi, en l'état actuel des choses, rien ne nous permet d'exclure des conflits et des guerres pour s'accaparer les derniers barils de pétrole, la dernière tonne de minerai d'uranium ou des terres rares. En viendrons-nous à l'affrontement nucléaire ?

L'orientation future devra donc porter sur la qualité de vie plutôt que sur l'abondance. On peut déjà entrevoir cette aurore qui verrait la fusion de l'économie et de l'écologie, au lieu de s'affronter en une dualité stérile. Mais ceci n'est pas une tâche pour une seule nation et nécessite une collaboration universelle. Est-ce trop utopique ? À quel moment de son histoire l'humanité a-t-elle jamais eu assez de courage ou de sagesse pour empêcher une guerre fratricide, arrêter une hécatombe, éviter un génocide ou, simplement, prévenir une attitude suicidaire et autodestructrice ?

Il faudra se souvenir à temps qu'il n'y a de richesses que la vie...

8
Le syndrome d'effondrement

CE LIVRE EST UN PUZZLE, fait de morceaux épars. On les croit sans liens entre eux, mais peu à peu, ici et là, des formes apparaissent, puis, soudain, tout s'éclaire et la scène surgit en pleine lumière, dans toute son étendue, dans toute sa globalité. La tragédie de l'humanité contemporaine devient une évidence quand le puzzle prend sa forme définitive sous nos yeux.

J'espère avoir été suffisamment convaincant au cours de ces pages pour vous persuader de la complexité et de l'imbrication des facteurs qui président à notre destinée. Les relations de cause à effet ne sont pas linéaires, mais globales, en réseau et synchrones. Nous sommes soumis, en ce début de siècle, à un faisceau de symptômes graves dont on peut craindre qu'ils ne convergent soudain vers la catastrophe, comme un château de cartes qui s'écroule et que l'on pourrait appeler « *le syndrome d'effondrement* ».

J'emprunte cette expression aux biologistes qui étudient les colonies d'abeilles et qui nous permettent une analogie. Depuis quelques années, les colonies d'abeilles périclitent ; les ruches sont soudain désertées. Au moment où j'écris ces lignes, un tiers des colonies d'abeilles en Europe et en Amérique du Nord ont disparu sans que l'on retrouve d'abeilles mortes. C'est le fameux syndrome d'effondrement, d'autant plus préoccupant que les abeilles sont les principaux pollinisateurs des arbres fruitiers et de quantité d'autres monocultures. Un tiers de l'agriculture dépend de la pollinisation par *Apis mellifera*. C'est dire que ce problème préoccupe les chercheurs des centres agronomiques. Aucun facteur spécifique n'a été trouvé, mais il s'agirait davantage d'une accumulation croisée de différents facteurs qui seraient à l'origine de ce très inquiétant syndrome d'effondrement[94].

- L'extension de la monoculture prive les abeilles d'une diversité alimentaire suffisante, ce qui fragilise leur système immunitaire.
- L'utilisation de plus en plus massive de pesticides intoxique les colonies et diminue la durée de vie des reines. Certains pesticides, dérivés de la nicotine, désorientent les abeilles qui ne peuvent revenir à la ruche.
- Diverses cultures utilisent des semences génétiquement modifiées, comportant un gène codant un insecticide, qui affaiblirait le métabolisme des abeilles.
- Dans ce contexte d'une carence alimentaire et d'intoxications chimiques variées, les abeilles sont plus sensibles aux infections microbiennes et virales. La virulence de huit bactéries et de quatre champignons est ainsi renforcée. En outre, cette fragilité semble faciliter la dissémination du virus de la paralysie aiguë de l'abeille.

---

[94] D. Cox-Fosters et D. Van Engelsdorf, « Sauvons les abeilles », *Pour la Science*, mai 2009, p. 28-35.

En bref, aucun facteur n'est déterminant à lui seul, mais c'est un réseau de facteurs qui permettrait d'atteindre le *tipping point*, le point de basculement vers le syndrome d'effondrement.

La société humaine est sans doute aussi vulnérable que la société des abeilles. Les facteurs que nous avons passés en revue pourraient nous conduire aussi à une sorte de syndrome d'effondrement. Au cours de ces pages nous avons brossé un tableau rapide de quelques-unes des menaces qui guettent notre civilisation occidentale à différents niveaux. Nous avons évoqué la crise financière et ses répercussions économiques, la faiblesse des démocraties, la crise morale et l'absence de sens chez nos contemporains, la perte des valeurs sacrées, la violence, les dangers écologiques, l'épuisement des ressources, les risques de conflits, le manque de prévention en matière de santé.

Les dangers sont multiples et peuvent faire peur, mais le pire n'est jamais sûr. Nous préconisons ce que Jean-Pierre Dupuy dénomme « *le catastrophisme éclairé* », c'est-à-dire rester lucide sur les dangers qui menacent et dont nous sommes responsables, pour agir afin d'éviter la catastrophe. Notre monde est global ; on nous le répète tous les jours. On ne peut donc en isoler aucune composante. La science est responsable de notre destinée, au même titre que l'économie, la politique, la philosophie ou la religion. Mais, malgré l'accumulation de nombreux symptômes que nous avons énumérés et qui sont connus de tous, malgré le risque d'effondrement, l'humanité continue de faire comme si de rien n'était. On répare ici et là quelques fissures, mais nous n'avons pas encore assisté à la révolution des esprits qui serait sans doute nécessaire. « *Nous savons, mais nous n'arrivons pas à croire ce que nous savons* », précise Jean-Pierre Dupuy.

La porte du futur

L'homme est capable d'améliorer les performances techniques de ses inventions jusqu'au plus haut degré de sophistication, mais il semble incapable de corriger la trajectoire de sa destinée. Nous restons, comme dans les âges les plus anciens, soumis à la dictature inexorable d'un destin que nous continuons à croire implacable. Comme il est étrange, cet homme moderne, nourri de sciences et de raison, faisant des discours lyriques sur sa liberté, mais incapable de se diriger par lui-même face aux plus grands dangers !

À la fin de l'empire romain, tous les symptômes étaient là, en prémices à ce qui allait survenir, mais personne n'a cherché à éviter la chute. L'homme contemporain est l'héritier des tragédies grecques : on ne contrarie pas le destin.

Au contraire, pour la première fois sans doute depuis ses débuts, l'humanité a son destin en main ; elle peut choisir d'avoir un avenir ou de ne pas en avoir. Si nous sommes des apprentis sorciers, ce n'est pas par négligence, mais en toute connaissance de cause. S'il est vrai que l'avenir n'a pas besoin de nous, nous avons besoin de l'avenir pour donner une signification au présent. Notre époque est effrayante, mais fascinante : nous avons le pouvoir de fermer la porte du futur !

« Tout est symptôme », « tout est dans tout », « tout fait sens », tel est le leitmotiv en filigrane de ce livre ; le fil conducteur supposé nous permettre de relier des événements apparemment disparates et sans lien évident de cause à effet.

La violence, par exemple, est un symptôme majeur de nos sociétés ; elle s'étale partout, en classe, dans la rue, dans les stades, sur les écrans, sans que l'on puisse dire ce qui est cause ou conséquence. Notre hypothèse est qu'il y a un lien entre la violence des licenciements dans le monde du travail et la violence, sans cesse accrue, des *hooligans* dans les stades ou des casseurs dans les manifestations altermondialistes, mais aussi avec la violence, de plus en plus crue, que l'on nous montre au cinéma. La violence qui s'est imposée sur nos écrans, année après année de plus en plus insoutenable, est-elle parmi les facteurs qui génèrent la violence dans la société ou bien n'est-elle que le reflet d'une violence déjà existante ? Je crois que l'on peut répondre positivement à ces deux interrogations. Dans les systèmes en réseau, chaque élément est à la fois cause et effet.

En cette fin 2009, je suis frappé de la conjonction de multiples violences : violence d'une crise économique dévastatrice ; violence dans les stades ou même dans la tranquille Suisse où les *hooligans* ont pris le contrôle des rencontres de football en saccageant tout ; violence à l'école où les maîtres sont de plus en plus souvent agressés et les élèves rançonnés par des minorités agressives, mais toujours impunies ; violence sur les écrans du festival de Cannes. *Le ruban blanc*, de Michael Haneke, palme d'or, croit trouver l'origine du mal dans le poids des « *valeurs absolues que l'on inculque aux enfants* ». Ces valeurs, enseignées dans une société paternaliste et conservatrice du début du XXe siècle, seraient les racines du mal, de ce mal qui a embrasé toute l'Europe. Mais par extension, elle serait aussi à l'origine de tous les fanatismes religieux et politiques. En bref, la guerre et le national-socialisme seraient issus de la morale et du conformisme petit-bourgeois. C'est un peu court, jeune homme !

Ce qu'oublie Haneke, c'est que la violence fascine par elle-même ; le sang appelle le sang. Il y a une ivresse de la violence qui hypnotise. Ainsi, les images provocatrices d'une violence extrême de Lars von Trier, dans l'*Antéchrist*, ont été qualifiées de sublimes par certains critiques. Castration, mutilation et excision sont au rendez-vous en gros plan. Du sang et des larmes, von Trier l'a bien compris, c'est ce qui plaît au peuple qui, jadis, allait assister aux supplices sur les places publiques. La mise en scène de la violence n'est pas rédemptrice. Au contraire, la violence exhibée et magnifiée jusqu'au paroxysme, comme dans *Kinatay,* de Brillante Mendoza, renforce notre anesthésie pour que nous puissions supporter l'insupportable. On y voit l'enlèvement et l'exécution, avec une cruauté sordide, d'une gogo girl de Manille. Mêmes les cinéphiles les plus libéraux commencent à se poser des questions : « *Où se situe la frontière entre nécessité et complaisance ? Quelle est la différence entre courage et exhibitionnisme ? Que peut-on montrer à l'écran sans verser dans l'ignoble ? Et pour finir, quel est le film où, par la grâce de la mise en scène, la violence devient exemplaire ? Et celui où, à force de complaisance, elle se fait détestable ?*[95] »

D'année en année, on voit bien monter la surenchère. La violence dans les stades n'est sans doute que le reflet de nos écrans. La violence au quotidien est devenue banale. Aujourd'hui, la cruauté au cinéma n'a d'égale que la cruauté des jeux du cirque dans la Rome de Néron.

Mais ce qui me préoccupe, c'est de savoir où mène cette violence ; sur quoi débouche-t-elle ? Sur l'apocalypse ou sur l'apaisement ? Hélas, la violence exprimée n'est pas un exutoire de nos violences refoulées. Le passage à l'acte n'assouvit jamais nos pulsions morbides. Au contraire, la violence est contagieuse ; elle se nourrit de la violence et se répand comme une épidémie.

---

[95] « Comment montrer la violence au cinéma », *Télérama,* 18 novembre 2009, p. 48-50.

On peut ainsi craindre que cette violence, qui s'est progressivement installée dans notre quotidien au point qu'elle nous est devenue familière, se transforme en pandémie fulgurante. C'est parce que nous sommes contaminés qu'elle nous paraît normale, et nous nous accommodons d'elle, tout comme la population de Bagdad s'est accommodée des attentats suicides. La violence s'est insinuée à ce point dans notre environnement que nous n'avons pas pris conscience que, d'une certaine façon, nous sommes tous des terroristes. La violence exercée sur les prisonniers de Guantanamo, la torture pratiquée sur les suspects de la CIA ou les brutalités haineuses des *hooligans* sont de même nature, c'est-à-dire déshumanisée. La violence nous fait perdre notre statut d'humains.

Le point de moindre résistance

Nous avons visité un certain nombre de symptômes qui nous paraissent significatifs de l'état de notre société occidentale. L'ensemble de ces symptômes constitue un syndrome global qui apparaît aujourd'hui comme suffisamment développé pour fragiliser la société tout entière dans ses fondements.

Comme dans toute maladie multifactorielle, c'est l'accumulation de facteurs qui peut déclencher une phase aiguë de la maladie. La pollution chimique, le stress, une mauvaise hygiène de vie, une fragilité génétique, sont autant de facteurs qui peuvent générer un cancer ou des maladies cardiovasculaires. « *Un organisme en mauvais état n'a besoin que d'une mince influence extérieure pour succomber à la maladie* », remarquait Socrate[96]

---

[96] Platon, *La République,* 4ᵉ tableau, scène 1, § 552.

déjà à son époque. Chacun se croit invulnérable malgré les excès qu'il commet. Nous avons en nous une force de vie et un optimisme innés qui font à la fois notre force et notre fragilité. Nous vivons souvent dangereusement, mais nous sommes aveugles sur nous-mêmes, ce qui nous protège de l'angoisse, mais ne prédispose pas à la prudence.

En regardant vivre nos concitoyens autour de nous, nos amis ou notre famille, on peut apprécier à l'avance les risques qu'ils encourent de déclencher une maladie grave en fonction de la façon dont ils vivent. Mais il est plus difficile de savoir quel sera l'élément déclencheur et à quel moment interviendra le *tipping point*. Quelle est la cigarette de trop qui déclenchera le cancer du poumon ? Quel est le stress psychoaffectif qui conduira à l'infarctus du myocarde, c'est-à-dire au syndrome d'effondrement ?

Ainsi, notre société présente de nombreux points de vulnérabilité ; son extrême fragilité est préoccupante si nous acceptons de la regarder avec lucidité. Mais elle a aussi une force de vie qui lui fait oublier tous les symptômes dont elle est affligée et qui lui font espérer qu'elle échappera encore une fois à un cruel destin. De même qu'il est des malades qui, au dernier moment, échappent à l'irréparable, de même, une société malade peut ne pas périr et, soudainement, s'orienter vers un nouveau destin. On aime se dire que le pire n'est jamais sûr.

Néanmoins, on peut tenter de poser une hypothèse et d'imaginer quel serait le facteur le plus déterminant qui pourrait entraîner l'effondrement de notre société. Le syndrome global dont celle-ci est atteinte est un syndrome chronique, c'est-à-dire provoqué par un faisceau de facteurs concomitants et permanents qui se sont accumulés et amplifiés depuis au moins deux générations. Dans notre recherche de l'ultime facteur déclenchant – l'effondrement – nous éliminerons une cause extérieure, soudaine et violente, comme une guerre atomique ou une catastrophe écologique globale imprévisible. C'est ce que l'économiste Nassim Taleb dénomme le *Cygne Noir*, c'est-à-dire l'événement caché, brusque, inattendu et aléatoire : « *Ce que nous appelons Cygne Noir est un événement qui présente les trois caractéristiques suivantes : premièrement, il s'agit d'une aberration qui se situe en dehors du cadre de nos attentes ordinaires, car rien dans le passé n'indique de façon convaincante qu'il ait des chances de se produire. Deuxièmement, son impact est extrêmement fort. Troisièmement, en dépit de son caractère d'aberration, notre nature humaine nous pousse à élaborer après coup des explications concernant sa survenue, le rendant ainsi explicable et prévisible.* » Il est vrai que l'homme moderne a souvent tendance à croire qu'il peut tout maîtriser. Or, la vie n'est pas qu'une partie de billard, c'est aussi un jeu de dés !

Nous entreprenons néanmoins cette recherche des causes en réfléchissant sur les valeurs fondatrices de notre société occidentale moderne. Quelle est la valeur primordiale, l'axe autour duquel s'enroule notre société ? Est-ce la démocratie ? La fraternité ? Le désir d'égalité et de justice ? Au cours de l'histoire récente, ces belles valeurs ont été parfois bafouées, niées et même éradiquées sans que la société ne soit ébranlée dans ses fondements. Nos sociétés contemporaines s'adapteraient sans doute assez bien à l'absence de démocratie et même de justice pourvu qu'il subsiste un minimum de liberté individuelle, de confort matériel et, surtout, de possibilité de gagner de l'argent. Ce n'était pas le manque de démocratie et de liberté d'expression qui a miné les pays communistes de l'Europe de l'Est et de l'Union soviétique. Ce manque n'a pesé que sur une petite minorité d'intellectuels qui en a souffert. Mais le peuple en général lisait le journal avec peu d'esprit critique ; il y retrouvait surtout les résultats sportifs et quelques nouvelles locales qui lui suffisaient. Le communisme s'est effondré pour des raisons économiques, car il ne supportait pas la comparaison avec le système libéral. L'étatisme bureaucratique n'était pas compétitif pour fournir au peuple le confort matériel auquel il aspirait.

La philosophie communiste était essentiellement basée sur un matérialisme pur et dur, détaché de toute notion spirituelle et sacrée. Dans son fondement, notre société occidentale contemporaine n'est pas très différente. Le *primum movens* du communisme comme du libéralisme, c'est le matérialisme, c'est-à-dire toutes les valeurs matérielles dont l'économie est le fleuron. Rien d'étonnant donc que le point le plus vulnérable d'une société matérialiste soit l'économie. On peut donc poser comme hypothèse probable que, par une faiblesse soudaine de son économie, notre société occidentale pourrait s'effondrer. Rien d'autre, en fait, ne pourrait l'émouvoir ; elle s'adapterait à tout autre bouleversement. L'argent est notre valeur suprême ; lui seul peut nous faire périr.

Il ne faut pas confondre l'économie et la finance. L'économie fait partie du monde réel, avec ses lourdeurs et ses lenteurs. En économie, les faits sont têtus et obstinés ; le temps est son allié. La finance, au contraire, est plus impalpable, plus virtuelle, déconnectée des réalités économiques et, surtout, elle est aujourd'hui instantanée, sans inertie. En temps ordinaire, la finance nourrit l'économie, mais suite à une dérive spéculative, elle est devenue un excitant, une drogue dangereuse qui nous montre des mirages et nous attire vers des paradis artificiels et trompeurs. Dopée d'illusions mathématiques et virtuelles, la finance met en danger l'économie et peut soudainement provoquer l'effondrement. Le *crack* peut survenir à la vitesse d'un éclair, à la vitesse de la lumière, celle des transactions électroniques qui irriguent le monde. L'homme peut perdre le contrôle. Les machines et leurs algorithmes auront pris le pouvoir. Notre vulnérabilité est donc collective et totale. « *La vitesse est la violence suprême* », selon Paul Virilio qui prophétise l'accident intégral dans le monde global[97].

Or, la vulnérabilité de notre économie n'est pas seulement le fait de la mégalomanie de nos financiers ; elle est aussi due à notre appétit du confort facile, à notre embourgeoisement chronique, à notre irresponsabilité individuelle et collective, à notre égoïsme à court terme, à un gaspillage permanent et à notre incapacité à nous remettre en question. Nous sommes d'incorrigibles fils à papa et, ayant été élevés dans l'opulence, nous pensons non seulement qu'elle est acquise, mais que c'est un dû. Nous ne voulons pas voir que des milliards de travailleurs, au Brésil, en Russie, en Inde et en Chine (BRIC), atteignent un développement industriel suffisant pour nous concurrencer directement. Disons-le tout net : notre système économique avantageux qui, jusqu'ici, a assuré notre confort et notre richesse, n'est plus compétitif face à ces nouvelles économies frugales et ambitieuses.

En son temps, le communisme fut laminé par l'efficacité du libéralisme économique et son inventivité. Aujourd'hui, notre système économique s'est empâté et rigidifié ; il supporte des charges énormes pour financer la somme des avantages sociaux qui nous ont été octroyés au fil des années. Nous risquons d'être

---

[97] Stéphane Paoli, *Paul Virilio, penser la vitesse*, Documentaire Arte, 2008.

ainsi laminés par l'efficacité d'un nouveau et jeune libéralisme d'État, plus mobile et surtout supportant de très faibles charges. General Motors et Chrysler ont succombé sous le poids des retraites de leurs anciens collaborateurs dont ils avaient la charge pleine et entière. Ce ne sont que les prémices d'une cascade de faillites en chaîne.

L'enfantement se fait dans la douleur

Peut-on imaginer qu'une société soit capable de se réformer avant l'effondrement ? Cela supposerait des sacrifices et des renoncements délibérés et décidés en toute lucidité. A-t-on jamais vu les démocraties faibles, capables de prendre des décisions bénéfiques à long terme, mais douloureuses à court terme ? Les peuples sont comme des enfants et l'on ne demande pas aux enfants de penser à demain. Il faudra donc, sans doute, attendre quelques bouleversements majeurs pour qu'une nouvelle orientation soit prise, pour que de nouvelles bases soient posées et de nouvelles valeurs acceptées : l'enfantement se fait dans la douleur. Quel sera ce nouvel enfant dans lequel nous mettrons tous nos espoirs ?

Si nous considérons le réchauffement climatique, par exemple, un faisceau suffisant de preuves nous a tous convaincus. Il est provoqué en grande partie par les activités humaines qui brûlent les énergies fossiles, provoquant ainsi un énorme dégagement de gaz carbonique qui fut emmagasiné par la végétation pendant des centaines de millions d'années. En l'espace de deux ou trois générations, nous aurons tout renvoyé dans l'atmosphère, créant ainsi autour de la Terre une enveloppe protectrice à l'origine de l'effet de serre.

Les scientifiques rivalisent de scénarios catastrophes pour nous expliquer ce qu'il adviendra à la fin du siècle. Mais qui, en démocratie, se préoccupe de la fin du siècle ? Nos hommes politiques cherchent seulement à survivre aux aléas du suffrage universel et aux caprices du peuple. Ils naviguent à vue en espérant être encore à la barre l'année prochaine. Comment peuvent-ils, dans ces conditions, se préoccuper des aléas du changement climatique qui se déroule à l'échelle de plusieurs générations ? De toute façon, l'électeur accepte volontiers que son voisin change ses habitudes, mais lui-même ne consentira pas la moindre modification, sauf s'il y est contraint par une dictature autoritaire ou par des événements incoercibles.

Le matérialisme, valeur suprême de nos démocraties faibles, peut supporter bien des aléas, comme le délitement des mœurs, l'absence de valeurs transcendantales, la démagogie sans limites, la voie de la facilité, l'irresponsabilité des citoyens, l'absence de leadership politique, le refus de se réformer et de s'adapter aux changements, etc. Des craquements peuvent se faire entendre ; des promesses de changements peuvent être faites ; de beaux discours lyriques peuvent être prononcés ; des modifications superficielles peuvent même être entreprises, mais dans le fond, il est à craindre que rien ne changera. Nous attendrons, dans la crainte et la résignation, l'ultime effondrement qui sera économique. Par la suite, nous maudirons les dieux et le destin que nous rendrons responsables de nos maux. Puis, avec une belle unanimité, nous choisirons quelques boucs émissaires que nous sacrifierons, afin de purifier la société et d'apaiser le courroux du peuple.

L'inspir et l'expir

Si nous voulons donc nous réformer, il faudra sans doute le faire sur des ruines. Il faudra supporter le choc brutal et douloureux d'une rupture totale avec le passé.

La Grèce antique, et Rome ensuite, étaient impuissantes pour assurer un développement continu, ininterrompu et harmonieux de leur économie et de leur domination. Les progrès se sont faits par sauts quantiques, de ruine en ruine. Notre civilisation moderne s'est édifiée laborieusement sur les ruines de la civilisation antique, qui l'a nourrie. Mais elle n'en est pas la continuation directe.

Machiavel nous incite à regarder le passé pour comprendre le présent et envisager l'avenir : « *Toutes les cités, tous les peuples ont toujours été et sont encore animés des mêmes désirs, des mêmes passions. Il est donc facile, par un examen exact et bien réfléchi du passé, de prévoir dans une république ce qui doit arriver.* » Bien plus tard, Alexis de Tocqueville, cet observateur prophétique, écrivait : « *J'aperçois l'avenir avec une netteté de vue qu'on n'a guère qu'en considérant le passé.*[98] »

Si nous suivons leurs conseils et que nous consultons le passé, nous observons, à travers l'histoire des peuples, une multitude de civilisations qui se sont succédé et qui ont toutes fleuri sur les décombres des précédentes. Le terreau fertile dans lequel nos racines puisent encore sa sève et son énergie est constitué des débris de civilisations disparues dont nous nous nourrissons. Il nous reste, dans nos mémoires conscientes et inconscientes, des souvenirs glorieux d'époques prospères.

---

[98] Alexis de Toqueville, *Souvenirs*, 3ᵉ partie, chap. 1, 1850.

En arpentant les musées, nous passons à grandes enjambées d'âge d'or en âge d'or, entrecoupés de déclins funestes. Les Sumériens s'épanouirent en Mésopotamie à partir du IVe millénaire avant J.-C., pendant 1 500 ans; la civilisation égyptienne pharaonique fleurit au bord du Nil à partir du IIIe millénaire avant J.-C., et ceci pendant quinze siècles. Au IIe millénaire avant J.-C., la civilisation babylonienne se nourrit des Antiquités sumériennes jusqu'à se laisser mourir elle-même, s'effaçant devant les Hittites, puis devant Alexandre le Grand. En même temps, la civilisation mycéenne rayonna en mer Égée, puis dans toute la Méditerranée, et s'effondra brusquement. Puis survinrent l'ambition des Grecs et les conquêtes d'Alexandre, donnant naissance à notre civilisation mère, qui succomba elle-même à l'hégémonie romaine, sous l'impulsion de César et qui, pendant six siècles, domina l'Europe, puis se morcela elle-même.

Ce que l'on observe à chaque renouvellement de civilisation, c'est que les causes de l'effondrement sont d'abord internes avant d'être externes. C'est-à-dire que l'effondrement est généralement précédé d'une période de décadence et donc de faiblesse : faiblesse économique, faiblesse militaire, mais aussi faiblesse des mœurs. L'âge d'or des civilisations correspond toujours à une formidable expansion économique et militaire. Lors des phases de déclin, on assiste à un mouvement inverse de repli, comme un long *inspir* suivi d'un *expir*.

L'esprit dualiste

Bien entendu, la grandeur et la décadence de l'empire romain sont dans toutes les mémoires. Elles nous incitent à une analogie frappante qui, depuis déjà deux ou trois siècles, hante la civilisation occidentale moderne.

Rome bâtit sa gloire par ses conquêtes, d'où elle tira ses richesses. On peut dire que les succès économiques de l'empire romain reposaient sur deux piliers essentiels : l'esclavage tout d'abord, fournissant une main-d'œuvre abondante et bon marché, et ensuite un outil de production délocalisé dans les pays conquis qui fabriquaient meilleur marché. Ainsi, on estime que les esclaves représentaient 25 à 30 % de la population totale des principales cités romaines. Cette surabondance de main-d'œuvre généra un double handicap, qui s'amplifia au fil des années. D'une part, elle priva les Romains de main-d'œuvre qualifiée et d'artisans habiles ; d'autre part, elle insinua dans la société l'idée dominante que tout travail est nécessairement servile. Il s'en suivit que les Romains de souche méprisaient le travail manuel au plus haut point.

On retrouve ce souverain mépris pour le travail rémunéré chez nombre d'auteurs, ce qui traduit un dédain collectif. Plaute parlait avec mépris des « *hommes qui se vendaient eux-mêmes* » ; Varron considérait le salaire comme « *un gain sordide et misérable* » ; Sénèque le qualifiait « *d'infamie du corps*[99] ». En fait, pour Rome, les deux valeurs supérieures étaient l'art de la guerre pour assurer ses conquêtes et les arts de l'esprit. Cette mentalité conduisit Rome à une stagnation technologique qui la rendit

---

[99] Aldo Schiavone, *L'histoire brisée*, Éditions Belin, 2003, p. 164.

très dépendante de l'étranger. « *La connaissance n'avait d'autre but que la contemplation de la vérité et l'amélioration de soi* », précise Aldo Schiavone, spécialiste de l'histoire romaine et qui parle de véritable « *fracture cognitive* » qui « *creusa un fossé entre esprit et matière, entre corps et âme*[100] ».

Cet esprit dualiste, qui assurait la primauté de l'esprit sur le matériel, domina l'Europe jusqu'à l'époque médiévale. « *Le centre de gravité du nouvel équilibre se fixa dans la reconnaissance de la supériorité de l'immatérialité de la pensée et des aspects émotifs, éthiques et politiques sur la matérialité obscure et contraignante du monde physique.* » La condition servile, étrangère à toute notion de performance, associée au mépris du matériel, rendait impossible toute idée de progrès et de transformation. La société romaine se pétrifia, étrangère aux changements, comme si le temps avait suspendu son vol. Elle se ferma ainsi la porte à la modernité.

On peut faire la même remarque à propos de la situation qui aboutit à l'abolition de l'esclavage au Sud des États-Unis, au début du XIXᵉ siècle. En Louisiane, les grands propriétaires terriens répugnaient à travailler, au point qu'ils se reposaient entièrement sur le bon vouloir des esclaves. Ceux-ci, généralement mal dirigés, n'apportaient pas un grand zèle au travail et ne cherchaient pas à améliorer leurs méthodes et leurs techniques. L'esclavage était devenu moins compétitif que le travail salarié de la Nouvelle-Angleterre et l'abolition de l'esclavage devint une nécessité économique. Ce fut la fin de la société aristocratique du Sud.

---

[100] Aldo Schiavone, *ibid*, p. 175-185.

L'Occident, en ce début du XXIe siècle, se trouve dans une situation qui représente quelque analogie avec la Rome du Ve siècle. D'un point de vue économique, nous sommes devenus dépendants de l'Asie, qui est désormais le centre industriel du monde. Nous avons perdu l'essentiel du goût et du savoir-faire technologiques. Nos artisans et nos usines ne sont plus compétitifs et, comme à Rome, nous avons un profond dédain pour le travail manuel. Nos enfants se destinent aux tâches bureaucratiques ; ils ne créent rien et se contentent de gérer les affaires ou rêvent d'être fonctionnaires. Le métier d'ingénieur ou du technicien est dévalué au profit du financier, du commercial ou du juriste.

La mondialisation a ainsi conduit à une société oligarchique, aux mains de quelques-uns, telle qu'elle fut décrite par Platon : « *C'est l'argent qui passe avant tout.* » [...] « *Mais l'insatiable désir de richesse, comme le désintérêt pour tout autre chose au nom des affaires, ont causé tous deux la perte de l'oligarchie.*[101] » Aujourd'hui, comme à Athènes ou comme à Rome, nous aimons les jeux et nous honorons les exercices du corps : nos dieux sont ceux du stade. Nous célébrons le passé et ses glorieux moments. Nous construisons des musées et des stades vastes comme des cathédrales ou des théâtres antiques.

Mais la comparaison ne s'arrête pas là. On distingue, en effet, comme dans le reflet d'un miroir, une sorte de situation homothétique entre l'état d'esprit de la Rome antique du temps de sa décadence et notre société occidentale contemporaine. Nous avons vu que l'élite romaine méprisait le matériel au profit de l'esprit. Elle honorait et cultivait les attributs de l'âme et

---

[101] Platon, *La République*, 4e tableau, scène I, § 554 et 562.

dédaignait la matière. Or, nous sommes dans la situation symétrique inversée, mais le déséquilibre est tout aussi grand. Notre pensée est tournée toute entière vers les bienfaits que l'on peut tirer de la matière et nous ignorons – ou même méprisons – ce qui fait référence à l'esprit et à l'âme. Dans un grand mouvement de bascule, la société moderne, tournée entièrement vers le progrès technique, économique et scientifique, a oublié en chemin son âme tant il est difficile à l'homme de trouver l'harmonie et l'équilibre. Ainsi, comme à Rome et comme dans toutes les sociétés qui périrent, nous périrons par l'économie, non pas par désintérêt des affaires, mais, au contraire, par l'obsession d'une oligarchie financière qui opprime le peuple ; l'argent n'est plus pour lui un moyen, mais une fin en soi. Nous sommes dans une impasse.

Carthago delenda est

Dans la vie, il faut prendre le bon et le mauvais. On ne peut reconstruire sa maison sans détruire l'ancienne. On ne peut changer radicalement sa façon de penser sans abandonner ses vieilles opinions. On ne peut renouveler le système économique sans laisser l'ancien s'écrouler. C'est ce que les dirigeants politiques, financiers et économiques refusent de faire ; ils s'accrochent toujours à un système moribond qu'ils tentent de sauver. Nous tous, nous plaidons pour le changement, mais nous ne voulons rien changer de nos habitudes et de nos modes de pensée. Nous voudrions aller au paradis en refusant de mourir. Cela n'est pas possible !

Il faut reconstruire un nouveau monde et accepter les changements fondamentaux et radicaux. Si nous refusons d'accompagner ce changement de paradigme, les événements nous forceront de le faire de façon plus cruelle encore. Si nous n'acceptons pas de changer de régime, il nous faudra pleurer notre civilisation.

Ce qui est périmé, obsolète, démodé, avarié, doit être détruit : « *Carthago delenda est* », s'écriait Caton devant le Sénat romain avant la Troisième Guerre punique (Carthage doit être détruite). C'était du temps de la république romaine : Carthage menaçait l'existence même de Rome et Hannibal dominait une grande partie de la Méditerranée. Après une descente mémorable avec ses éléphants, à travers les Alpes jusqu'en Italie, il remporta plusieurs batailles qui firent trembler jusqu'à l'intérieur de la ville de Rome. Mais il fut finalement vaincu par Scipion l'Africain au IIIe siècle avant J.-C.. Néanmoins, la peur et la haine demeurèrent au cœur des Romains qui, au IIe siècle, sous les injonctions célèbres de Caton, finirent par raser Carthage établie sur la colline de Byrsa.

Notre civilisation occidentale a l'arrogance de Carthage. Les nations occidentales, sous l'égide des États-Unis, partagent le même impérialisme culturel, économique et militaire. Comme Carthage qui établissait des têtes de pont un peu partout dans le bassin méditerranéen, nous avons la prétention de gouverner le monde et d'imposer notre point de vue en intervenant tous azimuts dès qu'une occasion se présente : au Moyen-Orient, en Irak, en Afghanistan, en Afrique. Ailleurs, nous menaçons de le faire.

Sous la bannière anglo-américaine, nous avons soulevé la crainte, la haine et le ressentiment chez bien des peuples. Après des siècles de colonialisme et de peuples mis sous tutelle ou bien réduits en esclavage, nous manquons de modestie. Ce désir de puissance s'appuie sur des valeurs matérialistes et ce sont les appétits financiers d'une oligarchie toute-puissante qui constitue le principal mobile de nos actions. Le contrôle du pétrole et des différentes matières premières justifient nos interventions, même si elles se font sous la bannière de la démocratie.

Mais les valeurs de la pensée occidentale, qui constituent le mauvais penchant de la nature humaine, ont diffusé chez d'autres peuples d'Asie ou d'Amérique, qui finissent par les adopter. La pensée matérialiste devient le standard universel grâce à la mondialisation. C'est à des fins matérielles, mercantiles et financières que nous devenons tous une menace pour la Terre qui nous abrite. Le gaspillage des réserves énergétiques et de l'eau, la déforestation et l'épuisement des terres et des mers, la pollution chimique et le réchauffement climatique ; bref le saccage de l'Éden. Tel est la menace pour nous-mêmes et pour tous les autres. C'est pourquoi *Carthago delenda est*. Carthage, c'est notre face hideuse et menaçante, c'est notre entêtement suicidaire qu'il faut écraser avant l'effondrement généralisé.

Soit nous changeons nos hiérarchies des valeurs volontairement et lucidement, soit la civilisation occidentale dans son ensemble périra de l'intérieur ou de l'extérieur !
Refusant de se rendre, on raconte que la femme d'Hasdrubal fit allumer un bûcher immense et se jeta dans les flammes, avec ses enfants ainsi que les soldats qui l'entouraient. Carthage fut rasée et les décombres brûlèrent pendant 17 jours. Elle ne se releva jamais : il ne resta que des ruines. Mais d'autres peuples irriguèrent la Méditerranée ; d'autres marchands accostèrent dans les ports et prospérèrent. Une nouvelle aube se leva.

Le monde des hommes est toujours tragique, c'est une lutte incessante entre des vérités contraires, un combat permanent pour des valeurs opposées. Finalement, nous nous battons pour des valeurs sous l'étendard de la justice et de la liberté. Chaque camp défend le bien contre le mal. Chacun se bat pour l'honneur, pour la dignité humaine, avec orgueil et courage. Tous les soldats sont morts avec cette certitude. Nos héros sont purs.
Il y a néanmoins des vainqueurs et des vaincus. Les vaincus deviennent des criminels et on honore les vainqueurs. Notre prochain combat sera tout aussi tragique, qu'il s'agisse d'une révolution ou d'un effondrement économique. Les vaincus seront châtiés, et un jour nouveau se lèvera. Ainsi, le Maître de Santiago refuse obstinément de perdre tout espoir car « *la germination se fait dans un profond silence, enfouie, insoupçonnée de tous*[102] ».

Le ver était-il déjà dans le fruit ?

On peut se demander si le monde occidental n'était pas entaché, dès sa naissance, par un péché originel qui allait, au fil des générations, pervertir sa philosophie et son mode de pensée. Dès le départ, malgré ses réussites fulgurantes, l'Occident n'était-il pas dans l'incapacité d'apporter l'épanouissement et l'harmonie ? Derrière les symptômes graves que nous avons énumérés dans les pages qui précèdent, n'y a-t-il pas une cause profonde qui rendait impossible le succès total de la civilisation occidentale et qui portait le germe d'un pourrissement intérieur, préfigurant sa chute ? Ce ver, enfoui au sein même de la

---

[102] Henri de Montherlant, *Le Maître de Santiago,* acte III, scène 3, 1947.

pensée occidentale, serait notre incapacité à penser la globalité et réconcilier les contraires.

Curieusement la pensée occidentale est une pensée binaire, une pensée en noir et blanc, qui n'a pas la subtilité de la pensée taoïste, laquelle sait marier les contraires, toujours dans l'entre-deux, à la fois claire et obscure, dans une sorte de clarté intermittente. Notre pensée, en revanche, sépare le bien du mal, les bons et les méchants, le diable et le Bon Dieu, l'ange et la bête. On est soit l'un, soit l'autre.

Le beau est d'un côté et le laid de l'autre, de même que l'amour et la haine ou le vrai et le faux. Rien n'illustre mieux cette pensée dualiste que les longues polémiques qui donnèrent la fièvre à plusieurs générations de physiciens, sur le point de savoir si la lumière est de nature corpusculaire ou ondulatoire. Il fallut attendre un physicien poète pour imaginer qu'elle pouvait être les deux à la fois !

De leur côté, les médecins se sont enflammés pour séparer le psychisme et le soma, l'esprit et le corps, refusant contre tout bon sens l'idée que les deux aspects étaient inséparables et interdépendants. Notre médecine aujourd'hui est restée essentiellement matérialiste et c'est la raison pour laquelle elle gère la maladie sans jamais la comprendre.

Nos philosophes ont opposé l'âme et le corps, la raison et le sentiment, la nature et la culture, faisant de l'*Homo sapiens* moderne idéal une sorte de mécanique bien huilée, éloignée de ses émotions, expurgée de ses sentiments, de ses intuitions et de ses instincts.

Les politiques et les économistes ont opposé les lois de la nature aux lois de la cité ; nos lois n'ont cessé de perpétuer l'opposition entre Galilée et la Sainte Église !

Les scientifiques ont emboîté le pas en opposant la pensée logique et la pensée analogique, le vrai et l'imaginaire, la vérité et l'opinion, le savoir et l'intuition. Nombre de scientifiques croient encore qu'ils sont à la recherche de la « *réalité vraie* » contre les illusions de l'apparence comme si ce qu'ils appellent la réalité n'était pas elle-même qu'une apparence ! Toute notre société est occupée à trier les bons et les méchants, l'intelligence et la bêtise, la connaissance et la croyance, comme si tout cela n'était pas mélangé, malaxé, intimement lié. C'est ce mixage qui fait la richesse de la nature humaine, infiniment complexe.

Le philosophe Michel Serres a souvent mis en exergue cette dialectique mortifère de la pensée occidentale en analysant un tableau de Goya du musée du Prado, intitulé : « *Duel à coups de gourdin* ». On y voit deux hommes, torses nus, en train de se battre. Pour mieux montrer la stupidité de ce duel, Francisco Goya a représenté les deux adversaires dans des sables mouvants. À chaque coup qu'ils se donnent, ils s'enfoncent un peu plus dans le sable. Cet enlisement inexorable des deux combattants illustre l'aspect vain et autodestructeur du combat. Michel Serres propose une issue : pour sortir de la dualité stérile, il faut un tiers. En ce qui concerne notre monde d'aujourd'hui, ce tiers serait ce qu'il nomme la *Biogée*, c'est-à-dire la Nature dans toute son étendue, ce tiers État muet à qui nous devons enfin donner la parole si nous voulons survivre : « *Le jeu à deux qui passionne les foules et qui n'oppose que des humains, le Maître et l'Esclave, la gauche contre la droite, les républicains contre les démocrates, telle idéologie contre telle autre quelconque, les verts contre les bleus..., disparaît en partie dès lors que ce tiers intervient.*[103] »

---

[103] Michel Serres, *Le temps des crises,* Éd. Le Pommier, 2009, p. 38.

Mais il est d'autres voies pour sortir de la dialectique dont notre pensée est prisonnière : « *Tout est rythme* », disaient les taoïstes, dont le merveilleux symbole illustre à la perfection l'union des contraires et l'oscillation. Le Big-Bang fut la vibration primordiale, celle qui donna le « *La* » originel. Cela fait 14 ou 15 milliards d'années que chaque atome, chaque molécule, chaque onde qui traverse le cosmos vibre. La lumière est vibration, le son est vibration, la vie est vibration, oscillation, rythme, alternance. Nous sommes plongés dans cette globalité vibrante dans laquelle chaque oscillation entre en résonance avec les autres. Telle est cette harmonie universelle, étrangère à la pensée occidentale qui sait mieux opposer que relier.

En fait, nous marchons à cloche-pied, notre pensée est bancale, nous ne fonctionnons qu'avec notre cerveau gauche. Notre monde est seulement logique et fonctionne selon le principe de causalité en refusant les pensées non logiques qui proviennent de l'imaginaire et de l'intuition ; il nie les relations non causales que l'on nomme *synchronicité*. Dans ces conditions, notre vision du monde est morcelée et parcellaire ; nous sommes incapables d'appréhender sa complexité, ses multiples dimensions et sa globalité.

Dans la vie de tous les jours on continue donc à opposer des idées que l'on croit inconciliables : socialisme et capitalisme, démocratie et l'oligarchie, croissance économique et développement durable, science et conscience, connaissance et spiritualité, etc. Dans ce monde schizophrène, la certitude de détenir la vérité et d'avoir raison a pollué toute la pensée occidentale. À cet égard, les illusions de la science lui ont donné le vertige et fait perdre la tête. De même, la certitude avait fait perdre la tête à la religion dominante. Si on compare le bouddhisme et le christianisme, on mesure mieux ce qui handicape la pensée occidentale. Celle-ci a été façonnée par les dogmatismes des religions du Livre et elle en a gardé un état d'esprit totalitaire que l'on retrouve aujourd'hui dans la pensée scientiste. Notre pensée est anémique et manque d'air ; il conviendrait de la revivifier et de lui donner du sang neuf. Sortons de nos clans et de nos chapelles.

En résumé, il faut réconcilier l'esprit et la matière, car c'est l'esprit qui féconde la matière. On pourrait dire que les Occidentaux ont une pensée rigidifiée, mais une conscience accommodante, tandis que les peuples marqués par le bouddhisme ont un esprit plus souple et plus ouvert, mais une conscience plus scrupuleuse.

Comment imaginer qu'une pensée malade et handicapée puisse jamais donner naissance à des lois justes, à des institutions équitables, à une économie saine, à une science respectueuse et à une spiritualité épanouissante ? Notre pensée occidentale renforce notre ego au niveau individuel comme au niveau collectif ; elle privilégie le matériel et le quantitatif, aux dépens du spirituel et du qualitatif. Cette pensée étriquée stimule l'esprit de chapelle et les querelles idéologiques par manque de vision d'ensemble.

Dès lors, cette incapacité fondamentale à réconcilier les contraires a conduit tout naturellement à la pensée unique. Le système éducatif, l'idéologie scientiste et les médias convergent pour entretenir et perpétuer un mode de pensée bancale, qui se transmet de génération en génération par la sélection. L'élève qui serait tenté de laisser un peu le champ libre à son irrationnel et à son imaginaire est vite évacué par le système. Le cadre, le fonctionnaire ou le chercheur qui défendrait quelques idées neuves, écouterait son intuition ou chercherait à s'éloigner des sentiers battus verrait aussitôt toutes ses ambitions balayées. On ne laisse pas la parole aux empêcheurs de penser en rond. Pour « réussir », il faut être consensuel et conventionnel, c'est-à-dire répéter sans réfléchir des idées toutes faites, se couler dans le moule des modes et de la bienséance.

Tel est le creuset où furent élevées nos élites ; rien d'étonnant donc à ce qu'elles ne surent ni éviter, ni prévoir la grave crise qui survint en 2008, de même qu'elles ne sauront pas prévenir le déclin global de notre civilisation. Elles croient que la prévision consiste à extrapoler les tendances du passé ; elles n'imaginent même pas la cassure, la rupture, le syndrome d'effondrement. Notre destin est entre les mains d'experts et de techniciens qui ne pensent qu'à travers les chiffres issus de leur ordinateur. Le rôle du politique est de rassurer et d'endormir le peuple en masquant le plus possible la réalité et en le berçant d'illusions. De leur côté, les médias évitent de traiter l'essentiel et font diversion en parlant de problèmes accessoires. Pendant ce temps-là, nous continuons de suivre le troupeau sans savoir où il va. Serions-nous parmi les moutons de Panurge ?

Les neurologistes nous ont appris que notre cerveau est double. Nous disposons de deux hémisphères, gauche et droit, reliés entre eux par le corps calleux qui assure la communication entre les deux. « *En temps normal, quand ils sont connectés, les deux hémisphères se complètent l'un l'autre en tirant ainsi le meilleur parti de leurs aptitudes respectives* », nous affirme la doctoresse Jill Boyle Taylor, neuro-anatomiste réputée, qui eut le triste privilège de subir un accident vasculaire cérébral à l'âge de 37 ans et, ainsi, de faire la douloureuse expérience de vivre quelque temps déconnectée de son cerveau gauche[104].

---

[104] Jill Boyle Taylor, *Voyage au-delà de mon cerveau*, Éd. J.-C. Lattès, 2008, p. 39.

Donc, si notre cerveau est double, notre esprit est duel : le cerveau gauche est celui de la raison logique et le cerveau droit celui de l'intuition : nous avons besoin des deux, comme de nos deux jambes. Mais la pensée occidentale s'est bâtie à partir du cerveau gauche où nous puisons nos certitudes, nos dogmatismes et nos intolérances.

Le cerveau gauche structure la pensée ; il est le support de la mémoire chronologique et de la conscience du temps qui passe. Il est doué pour les raisonnements déductifs ; il compare le passé, le présent et le futur. Il analyse les détails et donne du sens aux mots ; il permet donc la parole et la lecture. Cet amoureux du langage aime les descriptions précises et chiffrées. Il classe, il range, il contrôle et ainsi, il acquiert un sentiment de maîtrise et de domination. Il fixe des limites, des frontières, des barrières, des interdits. Il juge et il est volontiers intolérant et dogmatique. Ce cerveau gauche nous donne notre identité, notre spécificité, notre « je » qui nous isole du reste de l'univers. Mais ce « Moi » superficiel est toujours insatisfait ; il se gonfle souvent en ego hypertrophié qui stimule notre goût de la conquête et de la compétition. Lorsque nous laissons le cerveau gauche prendre le contrôle, nous sommes envahis par le stress, la peur, l'impatience, l'angoisse ou la colère. Le cerveau gauche est conventionnel ; c'est celui du scientifique, du militaire ou du religieux qui a des certitudes tranchées et qui refuse de voir le monde sous un autre angle que le sien. Il est dans l'action, voire dans l'agitation.

Le cerveau droit vit le présent ; pour lui le temps est en suspens ; il se satisfait de l'infinie richesse de l'ici et maintenant. Il est insouciant, spontané et imaginatif. Il pense par image et est doué d'intuitions créatrices. Il a une compréhension globale et une vue d'ensemble de l'Univers. Il a une perception des choses cachées, au-delà des mots, au-delà de son cerveau. Il a une sensibilité accrue, comme une clairvoyance, avec ce sentiment profond d'appartenir à un tout qui le dépasse. Notre cerveau droit sait mettre nos jugements en veilleuse, ce qui génère une immense quiétude intérieure et un optimisme fondamental. Cette fluidité conduit à une expansion de la conscience, à une empathie et une fusion avec l'Univers. Elle peut aussi conduire à la félicité extatique, à la déconnexion du réel, au *nirvana* ! Le cerveau droit est ouvert aux nouvelles éventualités car il n'a pas peur du chaos qui précède la création.

Dans son émouvant témoignage la doctoresse Jill Boyle Taylor conclut : « *Mon accident vasculaire cérébral m'a obligée à me rendre compte que mon hémisphère droit abritait une forme de conscience dont dépendait ma quiétude, ma joie et mon amour pétri de compassion pour le reste du monde.*[105] »

La solution est donc encore une fois dans l'harmonie entre le physique, l'intellectuel, le cognitif, l'intuitif et l'émotif. Il conviendrait de réconcilier toutes les parties de nous-mêmes et d'apprendre à laisser s'exprimer notre cerveau droit. C'est tout le contraire que l'on apprend à l'école et dans la société moderne, basées sur l'efficacité et la performance. Le cerveau droit est donc souvent un handicap. Il ne faut cependant jamais perdre de vue notre immense espace de liberté. À chaque instant, dans chacune de nos pensées, dans chacune de nos paroles et dans chacune de nos actions, c'est nous qui décidons sur

---

[105] Jill Boyle Taylor, *ibid.*, p. 161.

quel mode nous les exprimerons et les orienterons. C'est nous qui choisissons de privilégier notre cerveau gauche ou bien, au contraire, de laisser aussi le champ libre à notre cerveau droit. Notre avenir individuel dépend de nos choix, comme notre avenir collectif dépend aussi de tous. C'est néanmoins notre cerveau gauche qui nous a conduits à tous les désordres dont nous avons parlé dans ce livre.

L'évolution ou la révolution ?

Nous avons vu, au cours de ces pages, les diverses menaces qui nous entourent. Nous ne connaissons pas le futur, mais la seule chose que nous pouvons affirmer, c'est que si nous ne dévions pas de notre trajectoire, nous subirons de très graves dommages au niveau individuel et collectif.

J'ai tenté de démontrer qu'il ne faut pas attendre de nos élus qu'ils prennent des décisions difficiles indispensables, mais sans doute impopulaires. Nos systèmes démocratiques actuels ne permettent pas les réformes courageuses décidées d'en haut. Par conséquent, les changements doivent émaner du peuple ; ils doivent être réclamés par le peuple.

Notre monde n'est plus pyramidal avec des décisions qui se prennent d'en haut et qui dévalent en cascade les niveaux hiérarchiques. Notre monde fonctionne de plus en plus en réseau, en auto-organisation, selon des schémas d'interconnexions réciproques qui se synchronisent. « *Cette tendance à la synchronisation nous conforte dans l'idée que les agents autonomes peuvent s'auto-organiser en l'absence d'autorité centrale. Sans gouvernement, sans chef, mais grâce au feed-back, nous nous synchronisons et évitons de tomber dans le chaos.*[106] » Telle est l'affirmation d'un spécialiste des nouvelles technologies. Par exemple, l'extraordinaire banque de données que constitue Wikipédia est tout le contraire d'un savoir officiel, mais l'émanation d'un travail en réseau. « *L'intelligence en essaim surpasse celle du chef.* »

On observe déjà que les maîtres à penser éprouvent de plus en plus de difficultés à nous convaincre et à nous dicter nos choix. Ce n'est pas un hasard si les médias traditionnels, vecteurs de la pensée unique, sont en perte de vitesse. Les jeunes générations non seulement ne lisent pas les journaux, mais ils ne regardent pas les informations à la télévision. Ce n'est pas un hasard non plus si les plus jeunes refusent d'ingurgiter le breuvage, prêt à penser soporifique, qu'on leur sert dans les collèges. On sent poindre une rébellion salutaire contre nos censeurs traditionnels, qu'ils soient religieux, scientifiques, médicaux, économiques ou politiques. Leurs discours sonnent faux et une partie du peuple découvre enfin la somme des mensonges accumulés dont il est la cible depuis longtemps.

Tout au long de ce livre, nous avons été à la recherche des symptômes caractéristiques de notre société. Or, il est un symptôme qui laisse présager une prise de conscience soudaine du peuple, comme un point de basculement qui permette la cristallisation. Je veux parler de son attitude face aux campagnes médiatiques en faveur de la vaccination contre la grippe. Moins de 10 % des Français ont accepté de se faire vacciner malgré un tapage honteux qui a cherché à nous faire peur. Le peuple s'est informé et a constaté que le risque encouru suite à la vaccination

---

[106] Thierry Crouzet, *Le peuple des connecteurs*, Éd. Bourin, 2006, p. 155.

était bien supérieur à celui généré par la grippe. Les maladies auto-immunes, de la sclérose en plaques à l'hyperactivité de l'enfant, ont triplé en quelques années ; certains vaccins sont les suspects numéro un.

Cette rébellion contre le pouvoir médical en préfigure sans doute d'autres. Il ne s'agit encore que d'un frémissement sans que l'on sache si cela conduira à des réformes organisées ou bien au chaos. Dans le domaine économique et financier, rien n'a changé. La spéculation continue d'enrichir les banques et les traders, les entreprises sont toujours dirigées par des financiers au service exclusif des actionnaires, et l'hystérie consumériste se poursuit de plus belle. On veut nous faire croire que tout peut continuer comme avant. Vous savez que c'est faux et que, par conséquent, on peut craindre le pire. Il faudra peut-être attendre le chaos pour espérer le renouveau.

Dans la dernière scène d'*Électre*[107], de Jean Giraudoux, une femme demande :

« *Comment cela s'appelle-t-il, quand le jour se lève, comme aujourd'hui, et que tout est gâché, que tout est saccagé, et que l'air pourtant se respire, et qu'on a tout perdu, que la ville brûle, que les innocents s'entre-tuent, mais que les coupables agonisent, dans un coin du jour qui se lève ?* »

Le mendiant lui répond :

« *Cela a un très beau nom. Cela s'appelle l'aurore.* »

---

[107] Jean Giraudoux, *Électre*, acte II, scène X, 1937.

Épilogue

Comment prévoir un tremblement de terre ? On peut tenter de mesurer les pressions qui s'exercent entre les plaques tectoniques ; de là, on peut supposer et même prédire la survenue d'un séisme. Mais qui peut dire s'il aura lieu demain ou dans quelques dizaines d'années ? Qui peut préciser où il se produira exactement ? L'épicentre sera-t-il ici ou bien 200 km plus loin ?

Ainsi, la catastrophe d'Haïti, survenue le 12 janvier 2010, ne pouvait pas être anticipée avec exactitude. Elle était prévue pour un futur et un lieu incertains, quelque part dans les Caraïbes. D'ailleurs, une prévision précise entraînerait une panique plus préjudiciable que bénéfique. Il suffisait donc de savoir qu'un séisme de grande ampleur était hautement probable et de prendre des mesures de sécurité en construisant en conséquence. Ce qui, bien entendu, n'a pas été fait.

Nous sommes aujourd'hui dans la même situation, comme des aveugles qui avancent à tâtons, et nous ne pouvons pas prédire quand et où interviendra cet effondrement dont nous avons parlé dans ce livre. Nous pouvons seulement évoquer une forte probabilité pour qu'il se produise, sans exclure qu'il puisse être évité. Avec notre raisonnement logique, nous pouvons dire que les tensions sont telles, aujourd'hui, que nous entrons dans une période de grande incertitude, peuplée de mille dangers qui pourraient secouer notre société. Disons qu'une catastrophe économique pourrait se produire à moyen terme, c'est-à-dire dans une période d'un à trois ans, vers 2011 ou 2012. Le séisme interviendra-t-il quelque part en Europe, en Espagne ou en Grande Bretagne par exemple ou bien aura-t-il lieu aux États-Unis ? Ce que l'on sait, s'il survient, c'est qu'il sera ensuite planétaire, selon le mécanisme bien connu de l'effet domino. Jacques Attali, qui fixe aussi 2011 comme l'année de toutes les incertitudes, écrit : « *En général, la disparition d'une nation est précédée de l'effondrement financier et militaire de son État, lui-même provoqué le plus souvent par son incapacité à financer un train de vie devenu excessif ou une défense devenue trop coûteuse face à des ennemis trop puissants.*[108] »

L'homme a toujours cherché à connaître l'avenir, à scruter l'horizon au-delà de ce qu'il peut voir de ses propres yeux. De la longue-vue des marins jusqu'au télescope qui scrute l'Univers en passant par la lunette de Galilée orientée vers les planètes, nous n'avons jamais cessé de repousser l'horizon. Le temps lui-même est moins opaque qu'on le croit ; les prévisionnistes et les futurologues tentent de nous faire voir le futur. Jules Verne fut un maître en la matière. Les prophètes et les Pythies de tous les temps ont tenté, souvent avec succès, de dire ce qu'ils voyaient dans les entrailles du sacrifice. Nombre de chefs d'États ou

---

[108] Jacques Attali, *Survivre aux crises,* Fayard 2009, p. 246.

d'entrepreneurs, au demeurant parfaitement rationnels et sains d'esprit, ne manquent jamais de consulter les oracles avant une décision difficile.

C'est dans ce contexte sulfureux que je vais tenter ici un exercice périlleux qui consistera à consulter les astres. Je sais en quelle estime on tient généralement l'astrologie et de quel mépris elle est l'objet. Néanmoins, je sais aussi d'expérience de quelles prouesses elle est capable, contre toute attente et contre le bon sens ordinaire. Dans ce petit voyage au cœur de l'astrologie, il ne s'agit pas d'abandonner sa raison, son intelligence et son bon sens. Il est nécessaire cependant d'ajouter à son esprit une nouvelle dimension qui ne nous est pas familière, à savoir la pensée analogique. L'astrologie nous est étrangère car elle règne sur un autre monde, avec un autre mode de pensée. Gardons notre pensée logique et ajoutons-y la pensée analogique et symbolique, comme je le proposais dans le dernier chapitre. C'est-à-dire ajoutons un cerveau droit à notre cerveau gauche.

Distinguons tout d'abord les planètes rapides qui tournent autour du soleil en moins d'une année : Mercure, Vénus, la Terre et Mars. En astrologie, ces planètes sont dites « personnelles », c'est-à-dire qu'elles sont reliées à notre destin individuel.

Mais nous parlerons ici des planètes lentes, qui concernent tout le monde et sont en liaison avec le destin de l'humanité tout entière. Parmi celles-ci, il est une planète spécifique de la transformation ; il s'agit de Pluton, même si les astrophysiciens lui ont retiré l'appellation de planète. En mythologie, Pluton est le dieu des enfers, c'est-à-dire des transformations profondes, souterraines, inconscientes. En astrologie, là où passe Pluton, rien ne subsiste comme avant. Ce que l'homme fait de ces transformations fait partie de son espace de liberté, en bien comme en mal. Ainsi, dans notre ciel, de janvier 1995 à novembre 2008, Pluton a traversé la constellation du Sagittaire. Le Sagittaire est représenté par le Centaure, mi-homme-mi-cheval, dont la flèche se dirige vers le ciel. Selon la symbolique, le Sagittaire est un signe d'expansion hors des frontières, hors des limites. Cette période de Pluton dans le Sagittaire a donc transformé profondément nos frontières, nos lois et nos interdits. Ce fut le démantèlement de l'URSS, mais surtout l'ère de l'immense bouleversement dans le domaine de la communication et des idées apportés par Internet. Ce fut aussi les voyages à l'autre bout du monde et le réseautage à travers les réseaux sociaux. Enfin, ce fut le début de la mondialisation.

J'ai fait ce petit préambule pour vous familiariser avec la pensée analogique. On peut ainsi, en remontant dans le temps, observer que les changements profonds de la société humaine sont accompagnés des transits de Pluton, dans une sorte de synchronicité. Par exemple, pendant la période précédente, de mi 1984 à janvier 1995, Pluton a traversé la constellation du scorpion, symbole de la sexualité et des choses cachées. Ce fut l'époque de la libération sexuelle, mais aussi du sida. En symbolique, on peut dire que Pluton a accompagné la liberté sexuelle et la fin de nombreux tabous à ce sujet. Nous ne parlons pas de relation de cause à effet, mais seulement de synchronicité.

Revenons au futur : de novembre 2008 à novembre 2024, Pluton traverse la constellation du Capricorne. En symbolique, ce signe représente les structures du passé, la rigidité, l'administration, la banque. Selon l'astrologie, Pluton devrait dissoudre les structures obsolètes et injustes, en particulier dans les domaines socio-économique et politique. Nous assisterons sans doute à la remise en question des grandes institutions, à commencer par la finance et les banques, mais aussi les institutions médicales et religieuses. Les hiérarchies et les idéologies seront contestées ; la démocratie sera plus directe. Ce pourrait être un pourrissement avant la renaissance.

Mais pour cette période qui vient, il est intéressant de regarder la position d'autres planètes lentes, en particulier Uranus, considérée comme la planète des révolutions et des bouleversements soudains. Or, de 2003 à 2011, Uranus est dans le signe du poisson, signe océanique, mouvant, insaisissable. Cela devrait signifier une révolution souterraine inconsciente, comme une révolution universelle des idées, un changement de paradigme. Il se trouve qu'ensuite, de mars 2011 à mars 2018, Uranus traversera la constellation du Bélier, l'animal fougueux, imprévisible, agressif et combatif qui provoquera une exaltation des bouleversements uraniens.

On peut donc estimer que mi 2011, nous entrerons dans une zone dangereuse de turbulence : Pluton sera à l'œuvre, avec le Bélier, pour dissoudre les structures obsolètes et, après avoir préparé les mentalités, Uranus entrera en action pour renverser ce qui doit l'être. D'autant que dans le même temps, au printemps 2011, Jupiter entrera dans la constellation du Bélier en renforçant sa fougue juvénile. Verrons-nous les jeunes dans la rue ?

Mais à partir de 2011, Neptune, le dieu de la mer, des grands horizons, de l'inspiration artistique, des rêves grandioses, de la mysticité, mais aussi des illusions, entrera dans la constellation des Poissons. Neptune, on le comprend bien, fait bon ménage avec le poisson qui est dans son élément. Ce sera l'époque du renouveau des valeurs spirituelles et de la renaissance du sens des valeurs, même s'il s'agit de nouvelles valeurs, y compris celles des paradis artificiels. Il sera temps de larguer les amarres vers un autre monde, peut-être plus fluide et plus virtuel, dans une sorte de fuite… Les voyages peuvent devenir plus virtuels et les nouvelles drogues seront électroniques.

Ainsi donc, la pensée analogique rejoint la pensée logique et toutes les deux placent 2011-2012 comme une charnière entre deux mondes. Cela pourrait être l'époque du coucher du soleil sur l'Occident. Nous ne savons pas combien de temps durera la nuit et quand viendra l'aurore.

La Tour de Peilz
janvier 2010

Questions Contemporaines
Collection dirigée par J.P. Chagnollaud,
B. Péquignot et D. Rolland

Chômage, exclusion, globalisation... Jamais les « questions contemporaines » n'ont été aussi nombreuses et aussi complexes à appréhender. Le pari de la collection « Questions Contemporaines » est d'offrir un espace de réflexion et de débat à tous ceux, chercheurs, militants ou praticiens, qui osent penser autrement, exprimer des idées neuves et ouvrir de nouvelles pistes à la réflexion collective.

Derniers ouvrages parus

Vincent TROVATO, *Marie Madeleine. Des écrits canoniques au Da Vinci Code*, 2010.
Ricciarda BELGIOJOSO, *Construire l'espace urbain avec les sons*, 2010.
Collectif des médecins du travail de Bourg-en-Bresse, *La santé au travail en France : un immense gâchis humain*, 2010.
Cyril LE TALLEC, *Petit dictionnaire des cultes politiques en France*, 2010.
Steven E. Stoft, *Dépasser Copenhague : Apprendre à coopérer. Proposition de politique mondiale post-Kyoto*, 2010.
Bernard OLLAGNIER, *Communiquer, un défi français. De l'illusion du tout com' à la communication réelle*, 2010.
Jean-Pierre CASTEL, *Le déni de la violence monothéiste*, 2010.
Sergiu MIȘCOIU, *Naissance de la nation en Europe*, 2010.
Joëlle MALLET, Sophie GEORGES, *Une action sur l'emploi qui change tout*, 2010.
Alem SURRE-GARCIA, *La théocratie républicaine, Les avatars du Sacré*, 2010.
Asmara KLEIN, *La coalition « Publiez ce que vous payez »'. Une campagne pour la gestion responsable des ressources naturelles*, 2010.
Olivier BATAILLE, *Les Apprentissages professionnels informels. Comment nous apprenons au travail pour se former toute sa vie*, 2010.
Stéphane ENGUÉLÉGUÉLÉ, *Justice, politique pénale et tolérance zéro*, 2010.

L'HARMATTAN, ITALIA
Via Degli Artisti 15 ; 10124 Torino

L'HARMATTAN HONGRIE
Könyvesbolt ; Kossuth L. u. 14-16
1053 Budapest

L'HARMATTAN BURKINA FASO
Rue 15.167 Route du Pô Patte d'oie
12 BP 226
Ouagadougou 12
(00226) 76 59 79 86

ESPACE L'HARMATTAN KINSHASA
Faculté des Sciences Sociales,
Politiques et Administratives
BP243, KIN XI ; Université de Kinshasa

L'HARMATTAN GUINÉE
Almamya Rue KA 028
En face du restaurant le cèdre
OKB agency BP 3470 Conakry
(00224) 60 20 85 08
harmattanguinee@yahoo.fr

L'HARMATTAN CÔTE D'IVOIRE
M. Etien N'dah Ahmon
Résidence Karl / cité des arts
Abidjan-Cocody 03 BP 1588 Abidjan 03
(00225) 05 77 87 31

L'HARMATTAN MAURITANIE
Espace El Kettab du livre francophone
N° 472 avenue Palais des Congrès
BP 316 Nouakchott
(00222) 63 25 980

L'HARMATTAN CAMEROUN
BP 11486
(00237) 458 67 00
(00237) 976 61 66
harmattancam@yahoo.fr

17379 -janvier 2011
Achevé d'imprimer par